LA VOZ
DE LA CABALÁ

Para quien busca expandir su visión interna

LAITMAN
KABBALAH PUBLISHERS

Rav Dr. Michael Laitman

LA VOZ DE LA CABALÁ
Para quien busca expandir su visión interna

Consejo editorial: Norma Livne, Kate Weibel

Coordinadora: Kate Weibel

Diseño y gráficos: Juan Fernández, Baruch Khovov

Portada: Rami Yaniv

Impresión y post-producción: Doron Goldin

Editor Ejecutivo: Lev Volovik

ISBN: 978-965-7065-64-8

PRIMERA EDICIÓN: MAYO 2008

LA VOZ
DE LA CABALÁ

LA VOZ DE LA CABALÁ

CONTENIDO

Introducción

El TIEMPO ES AHORA

Las efemérides del primer periódico cabalístico en la historia -"La Nación"- comienzan 67 años atrás.

"Baal HaSulam" –Rabí Yehuda HaLevi Ashlag, el más grande cabalista del siglo XX–, opta por el medio más popular de aquellos tiempos, para llevar la sabiduría de la Cabalá a la nación. El periódico *"La Nación"* que se le entrega a cualquiera que lo pide, despierta un gran asombro en el Israel de aquel entonces, pues los cabalistas, a través de las generaciones, habían estado ocultando la sabiduría secreta, permitiendo su estudio, sólo a unos escasos privilegiados, en oculto y a puerta cerrada.

¿Qué es entonces lo que propulsa al autor de "El Comentario *Sulam*" sobre *El Libro del Zohar* a dar un paso aparentemente tan revolucionario?

"Me plazco en haber sido creado en una tal generación en la que ya es permitido publicar la Sabiduría

de la Verdad", escribe Baal HaSulam, "y si me preguntaran '¿de dónde sé que está permitido?', les responderé: 'pues, se me ha otorgado el derecho de revelar...'". Así responde y explica de inmediato: "Ya que no depende de la genialidad del sabio mismo, sino, del estado de la generación..." (Artículo "La sabiduría de la Cabalá y su Esencia").

Por consiguiente, después de muchos años en los que era prohibido revelar la Cabalá a las masas, determina Baal HaSulam que ha llegado el momento.

La habilidad especial que le fue otorgada, de interpretar El Libro del Zohar y las demás obras auténticas de la Cabalá, representa para él la situación única en la que se encuentra la generación. Todo esto, aunado a la finalización del exilio y la vuelta de Israel a su tierra, representa una clara señal para él que la generación, habiendo alcanzado el nivel apropiado de desarrollo, ya está madura. Y no sólo que se puede, sino que es imprescindible entregarles la sabiduría.

Fortalecido por la esperanza de establecer en Israel una sociedad basada en los valores de la Cabalá, Baal HaSulam hace todo lo que está en su poder para diseminar esta sabiduría ancestral entre las masas. Su sueño es ver el tiempo en que este gran conocimiento, el cual había sido el patrimonio de pocos, se convirtiera en necesario y esencial para el total. Hoy día, parece que su sueño se está haciendo realidad.

La Cabalá Verdadera: Consenso General

En nuestra época, hay una sensación general de que "todo el mundo estudia Cabalá". Sin embargo, la sabiduría de la Cabalá no es una moda pasajera, sino, un método ancestral que pertenece a la cima del pensamiento humano; una sabiduría que abarca todo lo que requiere el ser humano para lidiar con los grandes desafíos que enfrenta.

Pese a que la Cabalá ha sufrido de una imagen mística y de prejuicios acerca de su naturaleza, habiendo sido relacionada con usos políticos y comerciales, más y más personas, se encuentran en búsqueda de la Cabalá auténtica.

La Voz de la Cabalá – El Periódico

67 años después de la primera edición de "La Nación", se ha comenzado a publicar "*La Voz de la Cabalá*", un periódico apolítico, no comercial, de lenguaje sencillo. Éste transmite el mensaje ancestral, entregado de cabalista a cabalista, a través de las generaciones, en un lenguaje sencillo y accesible para todos.

La Voz de la Cabalá está destinado a todos: hombres y mujeres, jóvenes y ancianos, religiosos y seculares, orientales u occidentales; para todo aquel cuyo corazón late con el anhelo de develar el secreto de la vida.

Tal como entonces, la publicación de *La Voz de la Cabalá* no fue preprogramada, más bien, nació de la orden del día que nos ha obligado a actuar.

El propósito del periódico es difundir libremente el gran conocimiento imbuido en la sabiduría de la Cabalá para promover una existencia nueva y feliz como individuos, pueblo, nación y humanidad.

Nosotros, los miembros del grupo de cabalistas "Bnei Baruj", creemos que en ella radica la clave de una vida más plena y satisfactoria para todos.

La Voz de la Cabalá – El Libro

Después de haber circulado el periódico por muchos de los países de habla hispana, llegó la hora de publicar un libro. En éste, hemos juntado los mejores artículos que han sido publicados en los últimos 18 meses, con la intención de dar acceso a todo aquel que esté realizando sus primeros pasos en la Cabalá, permitiéndole probar de los diferentes sabores de esta gran sabiduría, que se remonta a los tiempos de Abraham el Patriarca, unos cinco mil años atrás.

La estructura del libro

La Voz de la Cabalá es una selección y recopilación de artículos de Cabalá, clasificados en diez capítulos que constituyen un mosaico rico y completo de esta sabiduría ancestral.

Capítulo I - Conceptos Básicos: Estos artículos están enfocados a aclarar el objetivo y el alcance de la Cabalá. Esta sección busca explicar con un lenguaje muy accesible el método de corrección y sus principales conceptos.

Capítulo II - Percibiendo la realidad: ¿Es este mundo que percibimos y que conocemos real o ilusorio? ¿Cuál es la razón de nuestra existencia? La sabiduría de la Cabalá nos responde estas interrogantes para que podamos entender dónde estamos y por qué.

Capítulo III - El camino espiritual y el mundo moderno: Todo lo que pasa en este mundo tiene su razón de ser, y todos desempeñamos un rol en este gran cuerpo humano que es la sociedad, aunque no siempre estemos conscientes de ello.

Capítulo IV - Cabalá y Ciencia: A medida que avanza la ciencia, vemos cómo ésta encuentra más y más puntos en común con la sabiduría de la Cabalá. Estos artículos nos revelan esas similitudes que se están descubriendo recientemente.

Capítulo V - Educación para las nuevas generaciones: ¿Satisface la educación actual nuestras expectativas? ¿Estamos formando correctamente a las nuevas generaciones? Veamos qué nos dice la sabiduría ancestral sobre cómo enfrentar estos desafíos.

Capítulo VI - El rol de la mujer y la "guerra de los sexos": Antes de que el alma del Primer Hombre se fragmentara en miles de almas que cayeron a este mundo, el Creador la separó en dos partes: masculina y femenina. ¿A qué se debió esto, y cuál es el rol particular que tiene la mujer en este proceso de corrección que enseña la Cabalá?

Capítulo VII - Temas Selectos: Esta es una serie de artículos que, con el mismo lenguaje sencillo de los anteriores, explica temas profundos que nos aclaran aún más la visión y el alcance de la Cabalá.

Capítulo VIII - El Zohar (Libro del Esplendor): Historia y presentación del principal libro cabalístico. Habla del origen del texto más importante en el cual se basa nuestro método de realización espiritual.

Capítulo IX - Grandes Cabalistas: Vida y obra de algunos de los principales cabalistas de todos los tiempos.

Capítulo X - La raíz espiritual de las Festividades: Todas las celebraciones que se festejan en este mundo tienen sus raíces en elevados sucesos espirituales. Entendiendo éstas podremos tender un puente entre nuestro mundo físico y el espiritual.

ക∞ക

Les deseamos una lectura placentera, y un gran éxito en la búsqueda del propósito de nuestra existencia.
La Voz de la Cabalá – *Equipo editorial*

ക∞ക

"*Sólo a través de la propagación de la sabiduría de la verdad entre las masas lograremos la completa redención*".

Rabí Yehuda Ashlag, "Introducción al Libro El Árbol de la Vida"

"*Si apuntáramos nuestro corazón a responder una sola pregunta muy famosa, estoy seguro que todas las preguntas y dudas desaparecerían del horizonte sin dejar rastro. Esta pregunta amarga que se hacen todos los seres humanos es: ¿cuál es el sentido de mi vida? Es decir, estos años de vida que tanto nos cuestan, o sea, el abundante dolor y sufrimiento que padecemos para llevarlos a cabo, ¿quién es el que disfruta de ello?, o más precisamente, ¿a quién le doy deleite?*"

Rabí Yehuda Ashlag,
"Introducción al Estudio de las Diez Sefirot", ítem 2

La importancia de la Cabalá en nuestra vida

Cada uno de nosotros quiere saber para qué llegó a este mundo, qué le espera en el futuro, cómo prevenir los sufrimientos y adquirir la paz y la seguridad.

La Sabiduría de la Cabalá nos ofrece respuestas para estas preguntas y muchas más. Le abre al hombre la posibilidad de hacer cualquier pregunta y alcanzar la experiencia interna y personal que le brinde las respuestas absolutas; y es por ello que se llama, "la Sabiduría de lo oculto".

El punto de partida de la Sabiduría de la Cabalá yace en el hecho, que todos nosotros queremos disfrutar. Los cabalistas se refieren a ello como "el deseo de recibir placer y deleite". Este es el deseo que propulsa todas las acciones, los pensamientos y emociones que conocemos, tanto en nosotros mismos como a nuestro alrededor, y la Sabiduría de la Cabalá nos explica en una forma sencilla y clara, cómo realizar dicho deseo.

Es verdad que la Sabiduría de la Cabalá hace uso de un lenguaje técnico, pero es de suma importancia que no perdamos el enfoque; ésta es, de hecho, ¡la Sabiduría de la vida!

Aquellos que han logrado alcanzarla, y que nos han legado sus escritos al respecto, fueron personas comunes como tú y yo. Estos cabalistas llegaron a alcanzar la Sabiduría de la Cabalá a través de las mismas búsquedas, tras las soluciones de las mismas interrogantes, como por ejemplo: ¿Para qué vivimos? ¿Qué ocurre a partir de la muerte? ¿Por qué hay sufrimientos en el mundo? ¿Cómo se puede llegar a la felicidad absoluta?, etc.

Cuando encontraron las respuestas a esas preguntas, habiéndolas realizado de hecho en su vida, las pusieron por escrito en libros, ensayos y artículos para nosotros. Estas obras contienen explicaciones precisas, efectivamente científicas, acerca de cómo alcanzar esa sensación celestial de un placer infinito combinado con la sensación de una supremacía absoluta sobre el sendero de nuestra vida.

La Sabiduría de la Cabalá nos enseña cómo disfrutar de la vida aquí y ahora. Nos explica toda clase de términos como el mundo por venir, las almas, las reencarnaciones, vida y muerte, los cuales se refieren únicamente a los estados internos que experimenta el hombre en el transcurso de su desarrollo espiritual, mientras vive aquí, en este mundo.

Por lo tanto, nos queda una sola pregunta, ¿cómo podríamos nosotros llegar a obtener tales sentimientos?

¿Cómo hacemos para que se abra ante nosotros el cuadro completo de la realidad?

Es sabido que cada uno determina su propio orden de preferencias. Hay asuntos más importantes, menos importantes y hay aquellos que preferimos postergar para el día siguiente. Nosotros clasificamos la importancia de nuestros programas de acuerdo a un solo elemento: ¡El propósito de nuestra vida!

Hay aquellos que están dispuestos a invertir toda clase de esfuerzos y recursos en el amor, otros en el dinero, la fama o los conocimientos, pero cuando se enfocan en un solo placer, descuidan los demás. Por lo tanto, la mayoría de las personas prefiere abstenerse de los grandes deseos para evitar grandes pérdidas. Es decir, se complacen con apenas algo de cada cosa y reprimen cualquier deseo que requiera demasiada atención.

Al plasmar sus obras, los cabalistas definieron un solo objetivo: demostrarle al hombre cómo conseguir la vida eterna; una vida llena de alegría y placer ilimitados. Para alcanzar este fin se sumergieron en la investigación del "deseo de recibir placer y deleite" del ser humano.

Los más destacados cabalistas de nuestros tiempos son aquellos que nos proporcionaron las explicaciones más claras acerca de las leyes de la Cabalá. Rabí Yehudá Ashlag, conocido como "Baal HaSulam" (Propietario de la Escalera) por su prestigioso comentario "Sulam" (Escalera) sobre el Libro del Zohar (Libro del Esplendor) y su hijo, Rabí Baruj Ashlag que amplió los comentarios y explicaciones de su progenitor, son los cabalistas que nos guían en este camino.

Fue un gran privilegio ser el discípulo y asistente personal del gran cabalista –y el último de nuestra generación– Rabí Baruj Ashlag. Y seré muy feliz de compartir con los lectores, con todo cariño y amor y de manera sencilla, lo que aprendí de él.

Rav Dr. Michael Laitman

I

Conceptos
Básicos

Babel:
Historia de dos senderos

Cinco mil años atrás la humanidad perdió el rumbo en Babilonia, el Irak de hoy. Esta desviación nos está conduciendo hoy día a un caos. ¿Quién es el responsable?

Todos nosotros conocemos ese sentimiento que brota cuando despertamos una mañana pensando que debe haber algo más en la vida que lo que tenemos. Pero, ¿realmente sabemos lo que queremos? ¿Podemos enumerar lo que nos brinda satisfacción y plenitud? Esta misma interrogante estaba presente en gran parte de la población en la antigua Babilonia y la acumulación de este descontento desencadenó en un cambio crítico en la evolución global de la humanidad.

Todo comenzó en Babel, la vibrante capital de Mesopotamia, hace unos cinco mil años. En ese entonces, era el crisol de una serie de creencias y enseñanzas. Como en la actual ciudad de Nueva York, o en el París del siglo XIX, el ambiente que prevalecía era el de "todo se vale". Y por lo tanto, todas las decisiones desenfocadas de esa antigua civilización, el atormentado Irak de hoy que fue alguna vez la cuna de la civilización humana, originaron el "Big Bang cultural" precursor de la actual crisis global.

Previamente, todos los habitantes de Babilonia tenían "**un solo lenguaje y un solo idioma**" (Génesis, 11:1). Pero su creciente disgusto los condujo por dos caminos diferentes: uno la búsqueda del placer, investigar el mundo para descubrir los placeres inherentes; el otro, formular interrogantes, cuyos seguidores deseaban descubrir el por qué del sufrimiento y de la búsqueda del placer, y cuestionaban: **¿Quién hace todo esto?**

Los adeptos a la "búsqueda del placer" empezaron por inventar, innovar y avanzar. Idearon proyectos para acelerar su progreso, desarrollando lenguajes, buscando nuevas fuentes de placer. No obstante, dado que tenían diversos deseos, se fueron dividiendo y eventualmente se alejaron completamente.

El Big Bang cultural era ya un hecho. Y cuanto más se apartaban las personas entre sí, más iban diversificando su manera de buscar placer. Algunas adoraban las fuerzas de la naturaleza, con la esperanza que éstas cumplieran sus caprichos. Otras creían en una fuerza única, de la que esperaban recibir lo anhelado y alcanzar la felicidad. Y había quienes hablaban de la necesidad de dejar de desear, completamente.

Con el tiempo, estos conceptos dieron lugar a las diferentes culturas. Debido a que cada una estimaba que sus ideas eran las más beneficiosas, todo aquel que no estaba de acuerdo se convertía automáticamente en enemigo, una amenaza a las expectativas de placer y complacencia.

Después de muchos siglos de batallas y peleas, las personas empezaron a darse cuenta que sus creencias no las conducían a la felicidad, y esta es la esencia de la crisis global actual. Nosotros, toda la humanidad, ya sabemos que no hay nada que podamos hacer para garantizar nuestra felicidad o seguridad personal, ni la de nuestros hijos. Por esta razón, la enfermedad con más incidencia en el mundo occidental es la depresión; el resultado directo de esta desilusión.

Pero hace cinco mil años, cuando la búsqueda de placer apenas comenzaba, su antídoto apareció también. Entre aquellos que habían elegido el camino de las interrogantes vivía un joven que se llamaba Abraham. Su padre era fabricante de ídolos y Abraham, aunque siguió las huellas de su padre, produciéndolos y vendiéndolos, nunca pudo realmente comprender cuál era el caso de orar a estos ídolos que él sabía con certeza no tenían valor alguno, ya que él mismo los moldeaba.

Las preguntas y las dudas no lo abandonaban, hasta que un buen día se detuvo y se preguntó "**¿Es que el mundo no tiene un amo? El Señor lo miró y le dijo: Yo soy el amo del mundo**" (Bereshit Raba, 39:1).

A partir de entonces, Abraham cambió su nombre y se convirtió en Abraham, el Patriarca, precursor de una nueva línea de pensamiento que no exalta el placer **en sí mismo**, sino, **la relación con el que lo proporciona**. Abraham explicó que para recibir placer es necesario conocer la ley universal que gobierna toda la naturaleza, asemejarse a ella, y así, automáticamente, todos los placeres del universo serían nuestros. El problema, agregó, no es que queramos disfrutar, sino que *no queramos saber* **de dónde** proviene el placer.

Abraham desarrolló, por consiguiente, un método de enseñanza para alcanzar esta relación con el otorgante mediante la semejanza con Él. Enseñó que Él no es un ser, sino, un principio según el cual todo funciona, el principio de otorgamiento. Abraham dedicó su vida a la difusión de este método, la clave para ser feliz en la vida.

Desde entonces, los sabios han estado desarrollando el método de Abraham, dándole diferentes nombres en diversas épocas, pero conservando su esencia. El gran cabalista del siglo XVI, el Rabino Haim Vital escribió que a través de todas las generaciones la enseñanza ha sido siempre la misma, pero su esencia es la *Sabiduría de la Cabalá*, la sabiduría de recibir (el placer).

Actualmente, cada vez más personas sienten que les falta un elemento clave en su vida, y se preguntan por qué no pueden ser felices. A ellas la Cabalá les ofrece una respuesta genuina y válida que ha esperado ser descubierta durante milenios, y hoy día está a disposición de todos para beneficiarnos de ella.

Su utilización puede reunir las culturas divididas, curar la enajenación y aprovechar las dotes individuales para el bien de toda la humanidad. Es este el elemento faltante, el adhesivo que puede hacer posible un único lenguaje, un solo pensamiento, a pesar de los siglos de animosidad, para que nunca más volvamos a separarnos.

ക

Deseos —
El motor del cambio

"...es totalmente imposible realizar el
más mínimo movimiento sin alguna
motivación, o sea, sin la posibilidad de
beneficiarse de alguna forma.

Rabí Yehuda Ashlag, "La Paz"

Los deseos no surgen de la nada. Se elaboran inconscientemente en nuestro interior y surgen solamente cuando llegan a ser algo definido, como "Quiero pizza". Antes de esto, los deseos o no son percibidos, o al menos, sentidos como una inquietud general. Todos hemos experimentado ese sentido de querer algo, pero no saber exactamente qué es; es un deseo que no ha madurado.

Platón dijo una vez, "La necesidad es la madre de la invención", y estaba en lo cierto. De forma similar la Cabalá nos enseña que la única forma en la que podemos aprender algo es primeramente queriendo hacerlo. Es una fórmula muy simple: cuando queremos algo, hacemos lo necesario para conseguirlo. Sacamos el tiempo, acumulamos energía, y desarrollamos las habilidades necesarias. Esto significa que **el motor del cambio es el deseo**.

La forma en que se desenvuelven nuestros deseos define y determina toda la historia de la humanidad. A medida que éstos se desarrollan, incitan a la gente a estudiar su medio ambiente, de forma que puedan colmar sus deseos. A diferencia de los minerales, plantas, y animales, la gente se desarrolla constantemente. En cada generación, y en cada persona, los deseos se vuelven más y más fuertes.

"... cuando una persona mueve su mano de la silla a la mesa, le parece que al poner la mano sobre la mesa, recibirá mayor placer. De no pensar así, la persona dejaría su mano en la silla por el resto de su vida sin moverla siquiera un centímetro; ni que hablar de un mayor esfuerzo.

Rabí Yehuda Ashlag, "La Paz"

El motor de cambio –el deseo– está hecho de cinco niveles, de cero a cuatro. Los cabalistas se refieren a este motor como "el deseo de recibir placer", o simplemente "el deseo de recibir". En los comienzos de la Cabalá, hace unos 5.000 años, el deseo de recibir estaba en el nivel cero. Hoy, como podemos adivinar, estamos en el nivel cuatro, el nivel más intenso.

Pero en aquellos tempranos días en los que el deseo de recibir estaba en el nivel cero, los deseos no eran lo suficientemente fuertes para separarnos de la naturaleza y a los unos de los otros. En aquellos días, esta unidad con la naturaleza, que hoy en día muchos de nosotros pagamos por re-aprender en clases de meditación (y afrontémoslo, no siempre con éxito), era la forma natural de vida. La gente no se conocía de otra manera, incluso no imaginaban que pudieran estar separados de la naturaleza, ni lo deseaban.

En realidad, en esos días, la comunicación de la humanidad con la naturaleza y unos con otros discurría con tanta fluidez que las palabras no eran necesarias, y en su lugar, la gente se comunicaba mediante el pensamiento, en forma similar a la telepatía. Era un tiempo de unidad, y la humanidad por completo era una sola nación.

Pero entonces ocurrió un cambio: los deseos de la gente empezaron a crecer y llegaron a ser más egoístas. Las personas comenzaron a querer cambiar la naturaleza y a usarla para ellos mismos. En lugar de querer adaptarse a ésta, quisieron cambiarla para sus propias necesidades. Llegaron a distanciarse de la naturaleza, y por consiguiente, a separarse y alienarse entre sí. Hoy, muchos siglos después, estamos descubriendo que esto no fue una buena idea; simplemente no funciona.

Es más, desde esta división, hemos estado confrontando a la naturaleza. En lugar de corregir el incremento del egoísmo para permanecer en unión con la naturaleza, hemos construido un escudo mecánico y tecnológico que asegura nuestra protegida existencia de los elementos naturales. Esto significa, sin embargo, que **seamos conscientes o no, estamos en realidad tratando de controlar la naturaleza y tomar el asiento del conductor.**

Hoy en día, mucha gente se está cansando de la ruptura de las promesas tecnológicas, de riqueza, salud, y lo más importante, un mañana seguro. Muy pocos han logrado todo eso hoy en día, e incluso no pueden afirmar que tendrán lo mismo mañana. Pero el beneficio de este estado es que nos está forzando a reexaminar nuestra dirección y preguntarnos. "¿Es posible que estemos equivocando el camino?"

Particularmente hoy, en la medida en que reconocemos la crisis y el punto muerto que enfrentamos, podemos admitir abiertamente que el camino que hemos escogido es un callejón sin salida. En lugar de compensar nuestro egoísta distanciamiento de la naturaleza escogiendo la tecnología, deberíamos haber cambiado éste por altruismo, y consecuentemente por unidad con la naturaleza. En Cabalá, el término usado para este cambio es *Tikkún* (corrección).

Percatarnos de nuestro alejamiento de la naturaleza significa que reconozcamos la división que aconteció entre nosotros (seres humanos) hace cinco mil años. Esto es llamado "el reconocimiento del mal". No es fácil, pero es el primer paso para un mañana mejor.

చ∞ఖ

FRACCIONANDO EL ALMA

Cada uno de nosotros es una pieza del rompecabezas que una vez fue la única alma existente, el alma de Adam haRishón (el Primer Hombre). Ha llegado el momento para reagrupar todas estas piezas: el tiempo de corrección es ahora.

A nadie le gusta encontrase atascado en medio del tráfico, deambular entre un gentío de compradores en un "shopping mall" o esperar por siempre en la fila hacia la caja en el supermercado. ¿Por qué existen estas muchedumbres?

Quizá estemos dispuestos a compartir el mundo con amigos o parientes, con docenas o centenas de personas; la necesidad de compartir con los otros siete mil millones, sin embargo, está menos clara. ¿Por qué entonces, hay tanta gente en el mundo?

CAFÉ DE BRASIL Y RELOJES SUIZOS

El sentido común nos demuestra que tener relaciones recíprocas con la gente nos conviene. Si estuviéramos solos en el mundo, comer incluso una rebanada de pan requeriría un gran esfuerzo y afán. O sea, sembrar el trigo, hacerlo crecer, cosecharlo, molerlo, amasarlo, y hornear el pan. Incluso tendríamos que construir el horno.

En lugar de esto, podemos ir a la panadería más cercana, comprarla con poco dinero, y seguir disfrutando de la vida sin perder más que unos minutos en la compra. Es decir, trabajamos varias horas al día y gozamos de los productos del resto del mundo. Gozamos del gran chocolate belga, del "fast food" americano, los relojes suizos, y el café brasilero. Los chinos hacen los autos de juguete para nuestros niños, y los japoneses fabrican los autos verdaderos que nosotros conducimos.

¿Pero es ésta una buena razón para que tanta gente exista? ¿Si hubiera mil millones personas menos en el mundo, sentiríamos su ausencia?

En el reino del deseo

Los cabalistas dicen que todos provenimos de una sola alma, llamada "el alma de *Adam haRishón*" (el primer hombre), que fue creada por el Creador con el deseo general de recibir placer y deleite, una naturaleza completamente opuesta a la de Él, que es de total entrega y amor. La tarea del alma de *Adam haRishón* es la de asemejarse a la naturaleza del Creador, y ser tan afectiva y dadora como Él, alcanzando así la cima de todos los placeres, el goce infinito.

PLACER ANTES DEL CONTACTO

Según la Cabalá, cuando el alma de *Adam haRishón* fue creada, tenía una relación con el Creador que le causaba un placer limitado porque no se había esforzado independientemente en alcanzarlo.

El Creador quiso que el alma de *Adam haRishón* se desarrollara por su propio medio. Exponiéndola entonces, en un acto premeditado, a mayores placeres, ésta recibió los placeres, y empapándose de regocijo, perdió toda noción del Creador –quien le había proporcionado el deleite–, y todo contacto con Él.

Es como una persona que reza para ganar la lotería, prometiendo donar la mitad del triunfo a la caridad. Pero una vez que realmente gana, el placer al que se expone la supera y sus prioridades cambian. Se "olvida" de su promesa, y encuentra repentinamente mejores alternativas de inversión, que donar el dinero.

FRAGMENTOS DEL PLACER

Como resultado del "olvido" de la relación con el Creador a causa del gran placer, el alma de *Adam haRishón* fue apartada del mundo espiritual, fragmentándose en múltiples partes llamadas, "almas particulares", que luego fueron bajando a este mundo "arropándose" en cuerpos humanos individuales, para poder aprender gradualmente cómo recibir el placer predeterminado, en porciones manejables, sin perder el contacto con el Otorgante del placer, el Creador.

De igual forma, si deseamos mover un peso de una tonelada, no podemos pedir que una sola persona lo haga. Pero si dividimos la tonelada en mil pequeños pedazos de un kilogramo, y damos una sola pieza a cada una de las mil personas, podríamos fácilmente mover este peso.

Este proceso se expresa concisamente en una parábola de Baal HaSulam: "**había un rey que quería enviar una gran suma de monedas de oro a su hijo, que vivía muy lejos. Lamentablemente, todas las personas en su país eran ladronas y embaucadoras, y el rey no tenía ningún mensajero leal. ¿Qué hizo? dividió las monedas en peniques y las envió con muchos mensajeros, así, no valdría la pena manchar su honor por el placer de robar**". (*Árbol de la vida*, Baal HaSulam).

Dejar de reencarnar

Hoy, nos encontramos en el estado de post-rotura, en donde cada uno de nosotros es un mensajero del rey que lleva consigo un penique del gran tesoro del Creador. Nuestra misión es hacer lo que pidió el rey y volver a reestablecer la conexión con Él, mientras estamos vivos. Hasta que no llevemos la moneda a su lugar, continuaremos volviendo a este mundo.

Los cabalistas que ya han atravesado este proceso, se refieren a él como *Tikkún* (corrección). Ellos nos enseñan cómo corregir nuestro "penique-placer" individual, para llegar a la cima de la Escalera Espiritual, y no tener que reencarnarnos más en este mundo.

El conjunto es (mucho) más que la suma de sus piezas

El propósito del estudio de la Cabalá es ayudar a cada uno de nosotros –partes individuales del alma de *Adam HaRishón*–, a restaurar nuestra unidad de la manera más rápida y útil posible. Cuando cada uno corrija su parte, estaremos realizando la meta para la cual vinimos a este mundo, y finalmente podremos disfrutar en conjunto de los enormes placeres que el Creador diseñó para nosotros en el Pensamiento de la Creación.

ഇ⊸ഏ

4

LA LEY DE LA REALIDAD

"...como el hacha corta y divide un objeto físico en dos, así la desemejanza en forma separa y divide el objeto espiritual en dos...

Rabí Yehuda Ashlag, "Introducción al Zohar"

Fíjate qué curioso es nuestro mundo. Tú y yo nos encontramos a un metro de distancia, hablamos, nos vemos, pero ninguno tiene la menor idea sobre los pensamientos y deseos del otro o de dónde realmente está. Es posible que en este preciso momento estés pensando en otra persona que vive o vivió en algún otro continente o época.

Es sabido que las personas enamoradas "llevan consigo" a su enamorado adonde sea que vayan. Hablarles es una experiencia realmente aburrida; aunque estuvieran contigo, sus pensamientos están en su maravilloso "mundo sublime" de los enamorados.

En contraste a esto, si me preguntaras al lado de quién estuve sentado hoy en el tren, camino al trabajo, o al lado de quién estuve parado en la fila para comprar las entradas de la semifinal de fútbol, seguramente no podría decirte, porque mientras esperaba en la fila o viajaba en el tren, estuve pensando en otras cosas o personas.

"...no se trata de estar cerca o lejos físicamente sino de la equivalencia en forma...

Rabí Yehuda Ashlag, "Introducción al Zohar"

En conclusión, la cercanía o lejanía corporal, no es lo mismo que la cercanía o lejanía en nuestra vida interna. Es decir, cuando hay algo que realmente queremos o con el que sentimos proximidad, éste ocupa todos nuestros pensamientos, sentimientos e imaginación.

EQUIVALENCIA NATURAL

Si observamos cómo funciona la "ley de equivalencia de forma" en la naturaleza, notaremos que no hay nada nuevo aquí. Vemos sólo lo que nuestro sistema de percepción –por ejemplo, el ojo– es capaz de captar por equivalencia de forma.

El ojo humano divisa una longitud de onda que concuerda con la gama que va desde el violeta hasta el rojo. Por eso, somos incapaces de captar una longitud de onda más alta que la violeta, por ejemplo, la ultravioleta, a menos que tengamos un equipamiento apropiado.

La abeja divisa una longitud de onda ultravioleta y de esa manera localiza flores de distintos tipos. Los mosquitos, en cambio, captan la longitud de onda apropiada a ellos y así pueden dirigir "un ataque directo" a tus venas. La "ley de equivalencia de forma" funciona aquí de una manera ¡muy tangible!

Sabemos que la realidad está compuesta de múltiples frecuencias que afectan nuestras vidas aunque somos incapaces de percibirlas, como la radiación de los rayos-X o las ondas de radio. Si sólo tuviéramos el instrumento adecuado de captación, capaz de transformar estas ondas en una longitud adecuada a nuestros sistemas naturales de percepción –los oídos, ojos, nariz y diversos sensores de nuestros cuerpos– podríamos reconocer la existencia de estas ondas en el aire.

"las personas son iguales en forma [cuando] cada una ama lo que la otra ama y odia lo que la otra odia...

Rabí Yehuda Ashlag, "Introducción al Zohar"

===

Por ejemplo, si te preguntara si ahora hay alguna transmisión en tu estación de radio predilecta, contestarías que no lo puedes saber a menos que prendiéramos la radio en la frecuencia de dicha estación. ¿Qué es entonces lo que se genera en la radio?

El aparato de radio simplemente sintoniza la frecuencia que ya se encuentra en el aire, incluso antes de prenderla. Luego convierte el mensaje producido por la emisora radial, de una frecuencia de onda que no podemos percibir, a una que nuestro oído es capaz de captar.

Cercanos y lejanos

Cuando usamos el término, "cercano", nos referimos por ejemplo a "la tía Juanita que vive en Buenos Aires" o a "José, el hijo de Rosa, la hermana de la abuela". A veces también usamos ese término para enfatizar la cercanía de ideas entre nosotros, como cuando ambos creemos que es necesario un cambio social en el país. Otras veces, este concepto se usa para expresar la medida de amor recíproco entre nosotros; por ejemplo, al pensar y desear que el otro tenga una vida buena y agradable.

¿Qué es entonces, la cercanía espiritual?

La equivalencia de forma espiritual

En el mundo espiritual, como en el corporal, funciona la ley de la equivalencia de forma, sólo que en el mundo espiritual no se habla de la igualdad de frecuencias u ondas, sino de una semejanza o desemejanza de intenciones.

En el mundo espiritual se miden sólo las "intenciones" (los pensamientos). La naturaleza del hombre es pensar en sí mismo y su propio provecho, mientras que la Fuerza Superior que activa y dirige nuestras vidas y toda la realidad, actúa sólo por amor; para dar, otorgar.

Así, en el plano espiritual existe una inversión de forma entre el ser humano y la fuerza que dirige nuestras vidas.

Por lo tanto, si nuestro deseo es conocer y entender el Gobierno sobre el mundo, tendremos que adquirir el atributo de otorgamiento. Mientras sigamos pensando sólo en nosotros mismos y en nuestro beneficio personal, no podremos saber las causas de lo que ocurre a nuestro alrededor y dentro de nosotros, ya que quedaremos en un estado opuesto al de la Fuerza Superior.

Sólo si encontramos la manera de elevarnos por encima de nuestro egoísmo, liberándonos de la auto-preocupación, alcanzaremos la medida de equivalencia de forma, como dijeron nuestros sabios: **"Así como Él es misericordioso, también tú serás misericordioso, así como Él es piadoso, también tú serás piadoso..."**.

Así penetraremos en un mundo nuevo, de otorgamiento, generosidad y amor. Por consiguiente, lograremos experimentar el bien y la felicidad; ¡la Meta principal de la Creación!

ھ‌ے

5

LA LIBERTAD DE ELECCIÓN

El libre albedrío, ¿existe o no? ¿Dónde se encuentra la verdadera libertad en nuestra vida?

La naturaleza interna del ser humano es el egoísmo, el deseo de recibir placer. Esta naturaleza nos obliga a actuar de acuerdo a una fórmula conductual imbuida en nosotros: **mínimo esfuerzo-máximo rendimiento**. El ser humano está dispuesto a experimentar grandes sufrimientos en el presente por un deleite futuro. Consciente o inconscientemente, cada hecho, cada movimiento que realiza, proviene de un cálculo frío de **costo-beneficio**.

> "...cuando examinamos los actos de un individuo los encontramos forzados. Los hace contra su voluntad, y no tiene ninguna libertad... Se parece a un guisado, cocinándose... no tiene otra opción, más que cocinarse. Porque la Providencia ha enjaezado la vida con dos cadenas: el placer y el dolor.
>
> Rabí Yehuda Ashlag, "La Libertad"

Cada uno de nosotros es parte de alguna sociedad que tiene sus propias leyes, las cuales estamos obligados a cumplir. Estas leyes no sólo determinan nuestro comportamiento, sino que moldean también nuestra actitud hacia todos los campos de nuestra vida. Es más, el ser humano está sujeto a las normas de etiqueta dictadas por la sociedad, por lo que tarde o temprano, éstas se convierten en sus patrones de conducta.

Con el tiempo, el individuo empieza a entender que no es él quien elige su manera de vida, los campos de interés, sus pasatiempos, la comida, la moda de acuerdo a la que se viste y se comporta, y demás, sino que todo esto lo escoge siguiendo la voluntad y el gusto de su ambiente.

¿DÓNDE, ENTONCES, EXISTE NUESTRA LIBERTAD?

Baal HaSulam (Rabí Yehuda Ashlag), explica en su artículo "La Libertad", que cada individuo está conformado por cuatro elementos que definen su carácter, manera de pensar y acciones, en cada momento:

• **Materia prima – el "yacimiento"**: esto constituye la esencia interna del ser humano. Aunque cambie su forma, jamás cambia su esencia. Por ejemplo, si comparamos el ser humano con una semilla de trigo: la semilla se descompone bajo la tierra, y su forma externa desaparece totalmente. Al mismo tiempo, sin embargo, se forma de ella un nuevo brote de trigo. Exactamente de la misma manera se descompone nuestro cuerpo, pero nuestro "yacimiento" -nuestros genes y tendencias- se transfieren a nuestros hijos.

• **Atributos invariables:** las leyes de desarrollo del yacimiento jamás cambian. Una semilla de trigo nunca producirá otro tipo de cereales más que trigo. Estas leyes y los atributos derivados son predeterminados por la Naturaleza. Cada semilla, cada animal y cualquier persona, contienen dentro de sí mismos las leyes de desarrollo de su propio yacimiento. Este es el segundo elemento del que estamos hechos, y no podemos influenciarlo.

"...me siento, me visto, hablo, como... no porque quiera sentarme, vestirme, hablar o comer así, sino, porque otros quieren que me sienta, vista, hable y coma así; conforme a los deseos de la sociedad, no de mi propio libre albedrío".

"...incluso la determinación del tipo de placer o beneficio, está completamente fuera de la propia voluntad o libre elección... sigue el deseo de otros.

Rabí Yehuda Ashlag, "La Libertad"

• **Cualidades cambiantes bajo la influencia del entorno:** el tipo de semilla permanece, pero su forma externa cambia de acuerdo a su ambiente, externo. Es decir, la calidad de la envoltura del yacimiento cambia bajo la influencia de elementos externos y leyes definidas. La influencia del entorno resulta en que elementos externos adicionales, como el sol, el suelo, fertilizantes, humedad y lluvia, se incorporan al yacimiento, y producen una nueva calidad del mismo. O sea, determinan, la cantidad y calidad de cereales que crecerán del mismo brote de trigo.

Lo mismo ocurre con el ser humano: su medio ambiente puede ser sus padres, educadores, amigos, colegas, libros que lee, los contenidos que absorbe de los medios de comunicación, etc. El tercer elemento, entonces, son las leyes según las cuales el entorno afecta al individuo y causa cambios en sus atributos modificables.

• **Cambios que afectan el entorno externo:** el ambiente que repercute en las semillas, también es influenciado por elementos externos. En ciertos casos, éstos pueden variar radicalmente y afectar el yacimiento de manera indirecta. Por ejemplo: puede haber una sequía, o alternativamente, caer lluvias fuertes que destruyan todas las semillas. Con respecto al ser humano, este cuarto elemento se refiere a cambios en el entorno mismo, que afectan la manera en que éste influye sobre los atributos cambiables del yacimiento.

LA ELECCIÓN DEL AMBIENTE CORRECTO

¿Dónde, entonces, existe nuestra libertad? O en otras palabras, de todo lo mencionado, ¿qué exactamente, es lo que podemos realmente afectar?

El código genético, o yacimiento, no lo podemos cambiar. Las leyes de acuerdo a las cuales cambia nuestra esencia tampoco podemos modificarlas; de la misma manera que no podemos influenciar la manera en que repercuten las leyes del entorno sobre nosotros. Pero el entorno dentro del que existimos y del cual dependemos totalmente, ¡podemos cambiar, en definitiva!

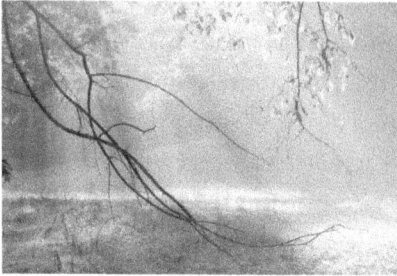

El ser humano puede optar por "implantarse" en un ambiente que apoye su desarrollo espiritual, el cual se basa en tres elementos: otras personas que busquen la espiritualidad, libros auténticos escritos por los cabalistas, y un maestro que las guíe en su camino hacia el desarrollo espiritual.

Por lo tanto, la elección del ambiente, según la Cabalá, es la única que existe en nuestra vida.

ৼৈ

COMPRENDER SIGNIFICA SENTIR

"...se le ha prometido a cada persona alcanzar, a fin de cuentas, todos aquellos
logros maravillosos que diseñó el Creador en el Pensamiento de la Creación:
beneficiar a todos los creados.

Rabí Yehuda Ashlag,
"Introducción al Estudio de las Diez Sefirot"

En la Cabalá, Adam (Hombre, en hebreo y el personaje bíblico) tiene un sobrenombre: *HaRishón* (El Primero, en hebreo). Esto no significa que haya sido el primer
hombre sobre la tierra, sino que fue el primero en el que
apareció el deseo de encontrar el propósito de su existencia. Adam descubrió que éste es llegar a ser similar al
Creador –la Fuerza Altruista que crea vida– y alcanzó su
objetivo. De hecho, su nombre da testimonio de su logro
ya que se compone de las palabras hebreas *Adamé LaE-
lyón*, "Yo seré como el Altísimo" (Isaías 14:14). En otras
palabras, Adam fue el primer individuo en la historia de
la humanidad que percibió al Creador conscientemente,
y de acuerdo a los cabalistas, lo alcanzó.

En esta época, casi seis mil años después de Adam, el tema del propósito de nuestra existencia ya se está despertando en un número creciente de personas. La incapacidad por encontrar una respuesta a la pregunta: "¿Cuál es el significado de mi vida?" lleva a mucha gente a la desesperación, la desilusión, el divorcio, la violencia (racial, doméstica e internacional) y hasta el suicidio.

El cabalista Rabí Yehuda Ashlag (Baal HaSulam) escribe en una de sus composiciones más importantes, *El Estudio de las Diez Sefirot*, que su libro está dirigido a cualquier persona que se cuestione acerca del sentido de la vida. Explica que la única razón por la que apareció en este mundo la sabiduría de la Cabalá era para ayudarnos a responder a esta única interrogante.

LA LUZ QUE REFORMA

En la *Introducción al Estudio de las Diez Sefirot*, Rabí Ashlag pregunta, **por qué dijeron los cabalistas que todas las personas deben estudiar la Cabalá.** Y responde que quienquiera que lea los libros de la Cabalá, aún sin comprenderlos, atrae una Luz especial desde Arriba que brilla en el alma de cada uno. Esta Luz Superior es la Fuerza que creó todas nuestras almas, la cual nos corregirá y en última instancia, nos llenará de placer.

Cuando la Luz "toca" el alma por primera vez, induce en ella una sensación de querer corregir todos "los malos deseos", por lo que se le llama "la Luz que Reforma". A medida que proseguimos en el estudio, la Luz nos "muestra" que no hay nada malo en nuestros deseos en sí. El único mal consiste en que el Creador es una fuerza altruista que crea vida y nosotros no lo somos. Y puesto que el propósito de la existencia es llegar a la semejanza con el Creador, nos sentimos insatisfechos al ser diferentes.

"¿Por qué exigieron los cabalistas que cada persona estudiara la sabiduría de la Cabalá?

"Porque hay un gran beneficio, maravilloso e inapreciable, para los que se involucran en la sabiduría de la Cabalá. Que aunque no entiendan lo que estudian, mediante el gran deseo y anhelo de comprenderlo, despiertan las Luces que circundan sus almas.

Rabí Yehuda Ashlag, "Introducción al Estudio de las Diez Sefirot"

Una vez conscientes de nuestra desigualdad con Él, deseando ser corregidos, la Luz "concede" nuestro deseo y lo desempeña. Es decir, la Luz nos muestra no sólo quiénes somos, sino también quién es el Creador y cómo podemos asemejarnos a Él.

COMPRENDER SIGNIFICA SENTIR

Cuando estudiamos la Cabalá, debemos desprendernos completamente de todo lo que hasta ahora sabíamos. Tenemos que estar abiertos a todo un conjunto de nuevos conceptos ya que es la única forma en que podremos andar por el camino que los cabalistas nos han preparado. Por ejemplo, los cabalistas siempre agregan un sufijo a sus frases: "y que te quede claro". Esto no quiere decir que debemos comprenderlo con el intelecto, sino, que debemos experimentar y sentir la realidad que nos están describiendo; vivirla, de hecho.

LA VENTAJA DEL ESTUDIO DE LA CABALÁ

Los cabalistas, sin embargo, nos dijeron que el estudio no debe restringirse sólo a quienes se cuestionan acerca del significado de su vida o que desean la corrección. Por el contrario, abrieron la sabiduría a todos. Nos explican que la Luz Superior brilla sobre quienquiera que esté leyendo los textos cabalísticos, sin importar si el deseo de alcanzar la espiritualidad aún no se ha despertado en él. A medida que lee, la Luz brilla y subconscientemente se va acercando al Creador. Si nuestro propósito en la vida es llegar a ser como el Creador –y esto es precisamente lo que nos enseña la Cabalá– entonces el estudiarla nos pone con "un pie en el acelerador" para llegar a este fin, y nos ahorra muchas penalidades. De hecho, tan sólo estudiar el material disipa los dilemas y los problemas. A fin de cuentas, todos los dilemas tienen que ver con el propósito de la existencia. Por lo tanto, en cuanto trabajas directamente con esta finalidad todas las demás dificultades sencillamente se desvanecen.

LOS LIBROS Y DEMÁS...

En nuestra generación, los libros que atraen la mayor cantidad de "Luz que Reforma" a sus lectores, son los libros de Rabí Yehuda Ashlag. Sus obras –que interpretan los escritos de los más grandes cabalistas, como Rabí Shimón Bar-Yojai y Rabí Yitzjak Luria– nos ayudan a estudiar la Cabalá de manera que nos atraiga la Luz más potente. Y al mantenernos enfocados y conscientes, mediante un lenguaje claro y directo, los libros, además de los diversos recursos multimedia disponibles hoy en día, ayudan a nuestra generación en especial, a evitar el sufrimiento y alcanzar la paz y la tranquilidad.

∽∾

EL ALTRUISMO NO ES OPCIONAL

Nos parece que podemos elegir entre
ser egoístas o altruistas. Pero si examina-
mos la Naturaleza, encontraremos que
el altruismo es una ley fundamental.
Por ejemplo, cada célula en el cuerpo
es intrínsicamente egoísta, pero, para
poder existir, debe despojarse de sus
tendencias egoístas en favor del bienestar del mismo. La recompensa para la
célula es no sólo experimentar su propia existencia, sino también la vida del
cuerpo entero.

Nosotros, de igual forma, debemos desarrollar tal conexión entre nosotros. Así, cuanto más logremos establecer este lazo, mejor percibiremos la existencia eterna de
Adam (*Adam HaRishón*, el Alma Colectiva) en lugar del
carácter pasajero de nuestra existencia física.

Particularmente hoy día, el altruismo se ha tornado
esencial para nuestra supervivencia. Se ha hecho evidente
que todos nosotros estamos interconectados y dependemos
uno del otro. Esta interdependencia ha dado lugar a una

definición innovadora y precisa del altruismo: **Cualquier acción o intención que se origine en la necesidad de integrar la humanidad en una sola entidad es considerada altruista. Inversamente, toda actividad o intención que *no* se enfoque en unir a la humanidad es egoísta.**

Nuestra oposición a las leyes de la Naturaleza es la fuente de todos los sufrimientos que presenciamos en el mundo. Y por ser el individuo el único que no las cumple, se puede concluir que es el único elemento corrupto dentro de ella. El resto, es decir, los minerales, las plantas y los animales, acatan las leyes altruistas de ésta, por instinto. Sólo el comportamiento humano contrasta con el del resto de la Naturaleza y con el Creador.

El sufrimiento que vemos a nuestro alrededor no es únicamente el nuestro. Todos los demás niveles de la Naturaleza se ven afectados por nuestras actividades equivocadas. Si corregimos nuestro egoísmo transformándolo en altruismo corregiremos, por consiguiente, todo lo demás: la ecología, el hambre, las guerras y la sociedad en general.

LA PERCEPCIÓN MEJORADA

Aunque pareciera que el único cambio que tenemos que hacer es considerar a los demás antes que a nosotros mismos, el altruismo, no obstante, trae consigo un beneficio adicional: Cuando pensamos en los demás nos integramos a ellos y ellos a nosotros.

Mirémoslo de esta forma: Existen alrededor de 6.5 mil millones de personas alrededor del mundo actualmente. ¿Qué pasaría si en lugar de contar con dos manos, dos piernas y un cerebro para controlarlos, tuviéramos trece mil millones de manos, trece mil millones de piernas y 6.5 mil millones de cerebros para controlarlos? ¿Es confuso? No necesariamente, ya que todos estos cerebros funcionarían como uno solo y las manos trabajarían como un par de manos. Toda la humanidad sería como un solo cuerpo cuya capacidad se vería aumentada en 6.5 mil millones de veces.

Además de convertirnos en seres superdotados, todo aquel que se convierta en altruista recibirá también el regalo más deseado por todos: la omnisciencia o conocimiento absoluto. Puesto que el altruismo es el atributo del Creador, al adquirirlo, nuestra naturaleza se asemeja a la de Él y empezamos a pensar como Él. Comenzamos a saber por qué ocurren las cosas, cuándo deben suceder y lo que debemos hacer para cambiar el curso de los acontecimientos. En la Cabalá, a este estado se le llama "Equivalencia de Forma".

Este estado de percepción realzada, de equivalencia de forma, es la razón por la que fuimos creados. Fuimos creados como una unidad que posteriormente fue rota, y ahora debemos volver a integrarnos. En este proceso de reunificación aprenderemos por qué la Naturaleza actúa en la forma que lo hace y tendremos tanta sabiduría como el Pensamiento que la creó.

Cuando nos unifiquemos con la Naturaleza nos sentiremos tan eternos y completos como ella misma. En ese estado, aún cuando el cuerpo deje de existir, tendremos la sensación que continuamos viviendo en la Naturaleza eterna. La vida corporal y la muerte dejarán de afectarnos, ya que la percepción egocéntrica y limitada que teníamos previamente habrá sido reemplazada por una perspectiva altruista y comprehensiva.

HA LLEGADO EL MOMENTO

El Libro del *Zohar*, la "Biblia" de la Cabalá fue escrito hace dos mil años, aproximadamente. Nos afirma que hacia el final del Siglo XX, el egoísmo de la humanidad se acrecentaría a niveles sin precedentes, creando un sentimiento de vacío y falta de rumbo en nuestras vidas nunca antes experimentado.

Entonces, apunta el *Zohar*, llegaría el momento de ofrecer la Cabalá a toda la humanidad como un medio para adquirir la plenitud mediante la semejanza con la Naturaleza.

El proceso para alcanzar la plenitud, el *Tikkún* (la corrección), no ocurrirá de una vez ni será simultáneo para todos. Para lograr alcanzar dicho *Tikkún* el individuo debe *desear* que suceda. Es un proceso que se produce a partir de la voluntad propia.

La corrección se inicia cuando una persona se da cuenta que su naturaleza egoísta es el origen de todo mal. Es una experiencia muy personal e impactante, pero invariablemente lo lleva a uno a desear transformarse, y cambiar del egoísmo al altruismo.

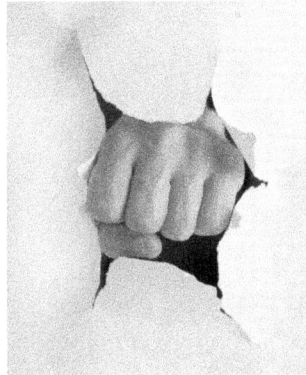

El Creador nos trata a todos nosotros como con un ser único y unido. Hemos intentado alcanzar nuestras metas de una manera egoísta, pero hoy estamos descubriendo que nuestros problemas se resolverán sólo al actuar colectiva y altruistamente. Entre más conscientes estemos de nuestro egoísmo, más desearemos utilizar el método de la Cabalá para transformar nuestra naturaleza al altruismo. No lo hicimos cuando la Cabalá apareció por primera vez, pero podemos hacerlo ahora porque sabemos que la necesitamos y porque es el único medio para lograr la felicidad y la plenitud duraderas.

ৡ৵

BIEN ESTÁ LO QUE BIEN ACABA

Un optimista, según el Diccionario de la Real Academia Española, significa alguien "que propende a ver y juzgar las cosas en su aspecto más favorable". De acuerdo a esta definición, los cabalistas no pueden ser considerados optimistas, ya que saben, de hecho, que todo terminará bien, y que nos espera el mejor final posible, a toda la Creación, en todos sus niveles, espirituales y corpóreos, en todos los tiempos, desde la concepción de la Creación, hasta la eternidad.

Si leemos con atención los textos cabalísticos auténticos, descubriremos que según la Cábala, no hay ni hubo mal alguno en toda la realidad desde su Creación. Grandes cabalistas, como Rabí Shimon Bar-Yojai (El Rashbi), el Sagrado ARÍ, y Rabí Yehuda Ashlag (Baal HaSulam), que alcanzaron la cima de la escalera espiritual, percibieron el Pensamiento mismo que inició toda la Creación, y de aquel ápice declararon que no hay, no hubo, y nunca habrá ningún "mal" en toda la realidad.

Para ayudarnos a entender cómo llegaron a tales conclusiones –que a juzgar por el mundo de hoy no coinciden con la realidad–, ellos escribieron libros que explican el proceso de la Creación y el Pensamiento detrás de ésta. En el ensayo "La Esencia de la Religión y Su Propósito", escribió Rabí Yehuda Ashlag que para percibir la realidad correctamente, no tenemos que examinarla con nuestra perspectiva presente, sino, comenzar por alcanzar el propósito de la realidad. Luego, con este conocimiento, él aseguró que veremos nuestro mundo con nuevos ojos.

A continuación, se encuentran las palabras de Baal Hasulam del ensayo mencionado, "La Esencia de la Religión y su Propósito", que provocan reflexión.

"Observando los sistemas de la Naturaleza, entendemos que cualquier criatura, ya sea del nivel inanimado, vegetativo, animal o hablante... se encuentra bajo una Supervisión determinada; es decir, un crecimiento lento y gradual por un desarrollo de 'causa y efecto', como la fruta sobre el árbol que está guiada por la dirección favorable para su objetivo final, el de ser una fruta dulce y exquisita.

"Ve y pregúntale a un botánico, cuántas son las fases que sufre esta fruta desde que se hace visible hasta que llega a su madurez. No sólo que sus fases anteriores no muestran ninguna prueba de su dulzura y delicadeza final, sino, como para enfadar, éstas muestran la forma opuesta al resultado final. Es

decir, cuanto más dulce la fruta es a su final, más amarga se encuentra en las fases más tempranas de su desarrollo.

"Lo mismo ocurre con la especie del animal y el hablante. Porque la bestia que tiene una capacidad mental limitada en su madurez, no se encuentra tan incapacitada mientras se va desarrollando. De lo contrario, el ser humano alcanza una gran capacidad mental en su madurez, pero sufre de una incapacidad mental mientras se va desarrollando. Y 'al becerro se le llama un toro', porque tiene la fuerza de pararse sobre sus patas y caminar, cuidándose de cualquier daño con el que se encuentre en el camino. De no ser así, el ser humano recién nacido se encuentra postrado como si estuviera desprovisto de sentidos.

"Y si alguien que no conoce las costumbres de este mundo observara estas dos criaturas recién nacidas [el becerro y el humano], seguramente diría sobre el humano recién nacido que no valdrá para nada. Y sobre el becerro recién nacido diría, 'he aquí, nació un gran campeón'.

"Así, se resalta a la vista que Su Dirección sobre la realidad que Él ha creado se manifiesta como una 'Dirección guiada', independientemente del orden de las fases de desarrollo, ya que éstas tienden a engañarnos, impidiéndonos entender su objetivo, estando siempre en un estado opuesto a su forma final.

"Es sobre tales asuntos que decimos, 'La experiencia hace al sabio' porque sólo el que posee experiencia, o sea, el que tiene la oportunidad de examinar a la criatura en todas sus fases evolutivas hasta su término, puede aquietarnos ante aquellas imágenes defectuosas en las que se encuentra la criatura durante su desarrollo, manteniendo la fe en su madurez digna.

"Así, se ha mostrado a fondo la conducta de Su Providencia en nuestro mundo, como un cuidado puramente útil, en el que el atributo de calidad no se evidencia antes de la llegada de la criatura a su culminación, su madurez final. Al contrario, esto más bien acostumbra tomar una forma corrupta ante los ojos de los espectadores. De ahí que Dios siempre otorga el bien a Sus criaturas, sólo que este bien llega por vía de una Providencia Guiada".

৩০৫

Descifrando el secreto
de la felicidad

PRIMERA PARTE

En la Cabalá, la felicidad deja de ser un misterio. Este concepto de la felicidad, que para muchos es simplemente una idea vaga, puede fraccionarse para analizar sus componentes y poder entenderlo. Y de la misma manera en que tenemos el e=mc2, existe también una fórmula para alcanzar la felicidad duradera.

"Piensa rápido, ¿qué es lo que te haría realmente feliz?" Con este encabezado daba inicio el artículo aparecido en la revista *Newsweek* en su edición de mayo 2007, dedicada al tema de la felicidad. Reconocidos psicólogos internacionales, sociólogos, biólogos y economistas intentaron dar respuesta a la eterna pregunta, "¿Cuál es el secreto de la felicidad?", o más directamente, "¿Qué debemos hacer para alcanzar la felicidad?"

EL DINERO DEL VECINO VALE MÁS

"¿Será dinero?", se preguntaban los investigadores. "Si yo tuviera dinero", alega el típico fantasioso de la felicidad, "haría todo lo que yo quisiera: viajar por el mundo, comprar lo que se me antojara, sería independiente y tendría el control de mi existencia. En pocas palabras, el dinero me traería la felicidad, ¿no es así?"

De manera sorprendente (o no), los estudios más recientes nos muestran que una vez que tenemos la cantidad suficiente para llenar las satisfacciones básicas, el dinero deja de ser una fuente de felicidad. De hecho, una investigación muy conocida revela que los ganadores de la lotería pierden la euforia inicial con bastante rapidez. Al cabo de poco tiempo, su estado de ánimo es exactamente igual al que tenían antes de su buena suerte.

Efectivamente, una vez que hemos acumulado más dinero del que necesitamos para nuestras necesidades básicas, la capacidad de disfrutar se va opacando con preguntas como, "¿Estoy a la altura de los Pérez?", pues no importa qué tanto ganemos, siempre nos va a parecer que los billetes de nuestro vecino valen más.

LA ECONOMÍA DE LA FELICIDAD

¿Qué podemos decir de nuestro tiempo de ocio? ¿Si trabajáramos menos y tuviéramos más tiempo libre, llegaríamos a sentir la tan ansiada felicidad?

Los investigadores rechazan tal hipótesis categóricamente. En el "Mapa de la Felicidad del Mundo", que publicó recientemente la escuela de psicología de la Universidad Leicester de Inglaterra, los industriosos Estados Unidos de América ocupan un respetable lugar 23, mientras que los franceses, que gozan de un buen número de semanas de vacaciones, se colocan en un desconcertante lugar 62.

Una por una, los investigadores de la felicidad han desautorizado las teorías más conocidas sobre el camino que conduce a ella. Han llegado a la conclusión que a la larga, las circunstancias como triunfar en la profesión, ser feliz en el matrimonio e incluso gozar de buena salud no nos garantizan la felicidad. Por lo tanto, ¿**qué** es lo que nos haría felices? Ésta es justamente la pregunta que deja a los investigadores sin habla. Por alguna razón, es más sencillo identificar los factores que **no** nos dan la felicidad, que ofrecer una fórmula práctica para la verdadera felicidad.

"La felicidad está por doquier –dentro de los libros más vendidos, en las mentes de los creadores de políticas sociales, y es el punto central de los economistas–, sin embargo, sigue siendo esquiva", concluye Rana Foroohar, la veterana editorialista de economía del *Newsweek*. Entonces ¿Qué podemos hacer para capturar la efímera felicidad?

LA MECÁNICA DE LA FELICIDAD

Para descifrar el secreto de la felicidad, debemos descubrir en primer lugar quiénes realmente somos y cuál es nuestra naturaleza, lo cual es muy sencillo: **Somos el deseo de ser felices**. En otras palabras, todos nosotros queremos recibir placer y disfrutar, o como lo llama la Cabalá, "el deseo de recibir".

> *"... El deseo de recibir placer constituye toda la sustancia de la Creación, desde el principio hasta el final, hasta que toda la incalculable cantidad de criaturas y sus variedades no son otra cosa sino grados y valores distintos del deseo de recibir."*
>
> Rabí Yehuda Ashlag, "Prefacio a la Sabiduría de la Cabalá"

Tal vez estén familiarizados con lo anterior. Pero nuestra naturaleza, el deseo de recibir, es mucho más sofisticada de lo que nos parece. No es tan sólo un deseo constante que siempre nos está dando ligeros codazos para buscar la felicidad. Este deseo de recibir es realmente lo que nos mueve a realizar todo, desde las acciones cotidianas, insignificantes, hasta los pensamientos que pasan por nuestra mente.

El deseo de recibir busca satisfacción a cada paso y se asegura que no descansemos hasta satisfacer sus demandas. Es el que determina constantemente nuestro estado de ánimo; si lo complacemos, nos sentimos felices, nos sentimos bien, la vida es una canción; pero, si no lo hacemos, estaremos frustrados, enojados, deprimidos, nos volvemos violentos y hasta con pensamientos suicidas.

El célebre autor irlandés Oscar Wilde, definitivamente lo sabía cuando escribió, "En este mundo sólo ocurren dos tragedias. Una, es no conseguir lo que queremos y la otra es conseguirlo. La última es por mucho la peor, es una verdadera tragedia".

Puede que ya lo hayas reflexionado: lo que tan a menudo pasa para nosotros inadvertido –y lo que por cierto constituye la clave para develar el secreto de la felicidad– es el hecho que, una vez que hemos complacido nuestro "deseo de recibir", el placer que en algún momento sentimos, desaparece.

DESCIFRANDO EL SECRETO DE LA FELICIDAD

SEGUNDA PARTE

La Cabalá nos explica el proceso para lograr la felicidad, de la manera siguiente: Primero, deseamos algo y nos esforzamos por obtenerlo. En el momento que conseguimos lo que anhelábamos, nos invade una sensación de placer, alegría y deleite. En términos cabalísticos, el primer encuentro entre cualquier deseo y su satisfacción es el punto máximo del placer.

Es decir, tan pronto logramos lo que queremos, el deseo se va desvaneciendo. En pocas palabras, ya no sentimos el deseo por lo que hayamos conseguido, y como resultado, el placer se va esfumando hasta desaparecer por completo.

Por ejemplo, has sentido tanta hambre que crees que podrías comerte un trozo de filete grueso y jugoso, tú solo, sin convidar a nadie (los vegetarianos pueden pensar en un enorme plato de verduras). Pero, ¿qué pasa cuando empiezas a comer?

La primera probada es un éxtasis y la siguiente es maravillosa. La que le sigue es buena y luego, pues, sí... está bien. Sin embargo, después va disminuyendo su importancia, hasta que acabas diciendo, "Ni un bocado más, voy a reventar".

Esto se aplica a todo, no sólo a la comida. Podemos pasarnos años soñando con el auto deportivo. Pero cuando al fin lo tenemos, aunque por unos momentos o días sintamos una emoción inmensa, descubrimos que poco a poco lo vamos disfrutando menos. Hasta que al final, cada vez que lo conducimos, sólo pensamos en la gigantesca deuda que hemos adquirido, y en el hecho que habrá que pagarla en los próximos tres años.

El Profesor de Economía, Richard Easterlin, de la Universidad del Sur de California, uno de los pioneros en la investigación de la felicidad, llama a este fenómeno "adaptación hedonista", que significa, "Compro un auto nuevo y me acostumbro a él. Adquiero un nuevo guardarropa e igualmente me acostumbro. Rápidamente nos adaptamos al placer que recibimos..."

Pero, este no puede ser el final de la historia. Después de todo, al describir estos acontecimientos, vemos que todos nosotros anhelamos encontrar el placer duradero. ¿Es posible que la naturaleza nos haya colocado en este círculo vicioso en el que siempre seremos desgraciados? ¿Será la felicidad tan sólo un cuento de hadas que nunca se va a convertir en realidad?

La fórmula (secreta) de la felicidad

Afortunadamente, la Cabalá nos explica que la naturaleza no es cruel; que de hecho, su único deseo es darnos la felicidad que tanto buscamos. Si nuestra aspiración a ser felices no fuera destinada a ser realizada, no habríamos sido creados con ella. El propósito de la naturaleza es dejar que logremos alcanzar, de manera independiente, una sensación de total y completa felicidad, no parcial o temporal, sino absoluta, perfecta y eterna.

Y en realidad, estamos más cerca de alcanzarla de lo que pensamos. De hecho, la reciente tendencia por investigar la felicidad y la creciente comprensión de que siempre permanecemos insatisfechos nos han permitido efectivamente acercarnos a la verdadera felicidad. Estamos comenzando a reconocer el patrón: la felicidad no depende de qué cantidad de dinero ganamos o qué tan bien funciona nuestro matrimonio. De hecho, no tiene relación alguna con cualquier placer terrenal que tratemos de recibir, sino con nuestra condición interna. Estamos empezando a descubrir el hecho fundamental que la felicidad puede ser lograda sólo si utilizamos un *principio* distinto de gozo.

La Cabalá nos ayuda a resolver el problema de la felicidad desde su raíz. Ya hemos explicado la razón por la que nunca experimentamos placer duradero: el encuentro del placer con el deseo neutraliza de inmediato el deseo, y éste al ser neutralizado, nos impide disfrutar del placer.

Así que el secreto de la felicidad, nos explica la Cabalá, es agregar otro ingrediente a este proceso: la "intención". Esto significa que continuamos deseando como antes, sólo que le damos un nuevo giro al deseo: lo dirigimos *hacia fuera* de nosotros, como si estuviéramos *dando* a otro. En otras palabras, esta intención de *otorgamiento*, convierte a nuestro deseo en un conductor del placer.

Si elevamos nuestro deseo al plano espiritual, en función de *dar*, el placer que sentimos nunca va a parar; continuará fluyendo a través de nuestro deseo siguiendo nuestra intención. Y nuestro deseo podrá seguir recibiendo continuamente sin nunca llegar a saciarse.

Y esa es la fórmula para el placer interminable o la felicidad duradera. Cuando uno aplica esta fórmula, pasa en realidad por una transición muy profunda, y empieza a sentir diferentes *tipos* de placer. La Cabalá los llama "espirituales" y justamente son eternos.

La verdadera felicidad se encuentra a la vuelta de la esquina, esperando a que aprendamos cómo experimentarla, cómo agregar la intención a nuestro deseo. Al estudiar la Cabalá adquirimos esta nueva intención espiritual de manera natural y empezamos a recibir conforme al deseo de la Naturaleza, o sea, plenamente. Y es por esto que "Cabalá" significa "recibir", en hebreo, ya que es la sabiduría que justamente nos enseña *cómo* recibir el placer duradero.

ﻬﻬ

El Amor verdadero

El Creador ha creado un plan de entrenamiento para nosotros. Éste nos enseña cómo abandonar el deseo egoísta en favor del amor hacia el prójimo. Cuando esto suceda, podremos amar de verdad...

¿Cuánto se ha escrito y hecho en nombre del amor? Sin embargo, ¿quién de nosotros puede decir que realmente sabe lo que es? Todos queremos ser amados, queridos, sentirnos seguros, tranquilos y pacíficos.

Si buscáramos recordar los momentos más felices de nuestra vida, descubriríamos que fueron aquellos en los que nos sentimos queridos.

Todos queremos amar, entregar el corazón a nuestros familiares; pero en realidad, no siempre sabemos cómo hacerlo.

La sabiduría de la Cabalá nos explica cuál es la razón de esta necesidad tan profunda e interna de amar y sentirnos amados, además de cómo conseguir el amor pleno y eterno.

El deseo es: Amar

El origen de todos nosotros proviene de una sola alma creada por el Creador, llamada el **alma de Adam HaRishón** (El Primer Hombre, en hebreo). Los cabalistas explican que la naturaleza del Creador es el amor y otorgamiento absolutos, mientras que la del alma de *Adam HaRishón* es el deseo de recibir placer y deleite.

> *"...el ser humano es el centro de la realidad... tanto los Mundos Superiores como este mundo corporal, con todo lo que abarcan, fueron creados sólo para él... parece difícil entender que para este diminuto ser humano –que no capta más que el equivalente de una fibra de este mundo, por no mencionar de los Mundos Superiores que son infinitamente sublimes– El Señor se tomó la molestia de crear todo esto..."*
>
> Rabí Yehuda Ashlag, "Introducción al Libro del Zohar", ítem 3

El Creador creó el alma por puro amor, por lo tanto, el deseo interno imbuido en ésta es amar. Así, el placer más grande que el alma es capaz de sentir es el placer del amor. Pero ¿cómo podría ésta realizar este anhelo y lograr amar al Creador?

Plan de entrenamiento

El Creador diseñó un "plan de entrenamiento" especial para que el alma desarrolle el deseo de amar.

Primero, la dividió en múltiples partes llamadas **almas individuales,** y se ocultó de ellas. Éstas recibieron un deseo egoísta -de recibir amor-, y luego fueron vestidas en cuerpos de este mundo.

Los cabalistas explican que aunque sea difícil sentirlo en nuestra vida cotidiana, ya que el Creador se oculta de nosotros, Él nos ama inagotablemente. No obstante, los demás seres humanos no están ocultos de nosotros, lo cual nos permite "practicar" con ellos el amor al prójimo, para luego llegar al amor al Creador.

Es decir, a través de nuestras relaciones con los demás, aprenderemos a elevarnos por encima de nuestro deseo innato de recibir amor egoístamente, y adquiriremos la naturaleza del Mismo Creador.

Cuando esto suceda, volveremos a nuestro estado pleno: unidos en una sola alma, y habiendo alcanzado el placer supremo que quiso impartirnos el Creador, el placer resultante del amor y el otorgamiento. Entonces, el Creador volverá a revelarse entre nosotros, permitiéndonos reciprocarle con amor, debido a la "práctica" del amor hacia los demás que hayamos adquirido.

COMO UNA CRIATURA RECIÉN NACIDA

Nuestro plan de entrenamiento diseñado por el Creador incluye varias etapas, en las cuales aprenderemos cómo reconectarnos con el resto de los fragmentos del alma de *Adam HaRishón*. Este proceso de evolución del deseo de amar se asemeja al del crecimiento de una criatura recién nacida. Al principio, el individuo siente su propio deseo únicamente, y se ve a sí mismo como el centro del universo. Necesita amor y demanda atención, como un bebé.

Al ir creciendo y desarrollándose el deseo de amar, el individuo aprende que le conviene cooperar y crear lazos de amor con su entorno, para ganar así lo que no puede conseguir por sus propios medios.

Mientras más crece el deseo del hombre, más disfruta aprovecharse del prójimo. Piensa que sería más feliz si dominara al resto de las personas y las usara para su propio bien. Pero al alcanzar la última etapa de su desarrollo, descubre que lo que más le falta es la capacidad de amar y otorgar ilimitadamente, como el Creador.

TAL COMO LOS PADRES AMAN A SUS HIJOS

Uno de los más grandes placeres que conocemos es el de criar a nuestros hijos. Pese a toda dificultad y sacrificio que esto implica, la mayoría en el mundo, desea tener hijos y dedicarles todo su tiempo. El amor y la entrega a ellos proporciona el más grande deleite.

Si amáramos a toda la humanidad como a nuestros hijos, la vida sería mucho más simple. Sin embargo, nuestra realidad actual es totalmente inversa. Entonces, ¿cómo podríamos desarrollar en nuestro corazón un amor hacia los demás como si fuesen nuestros hijos?

El que realmente lo busca, sin desistir, descubre la sabiduría de la Cabalá, el método que nos permite llegar al amor verdadero.

Alcanzando la naturaleza del Creador

En nuestra época, en la que la Cabalá se revela entre las masas, todas las almas están recibiendo la oportunidad de aprender cómo amar al prójimo. El que responde a este despertar interno en su corazón, puede estudiarla y llegar a experimentar el amor.

A través de esta sabiduría ancestral, el hombre llega a familiarizarse con los deseos de las demás almas y a amarlas incondicionalmente, como el Creador ama el alma de *Adam HaRishón*, de la que todos nosotros somos parte. De este modo, junto al resto de la humanidad, el hombre logra alcanzar la naturaleza del Creador y amar como Él.

Cuando todos nosotros sepamos amarnos, podremos reunirnos y volver a existir como una sola alma, volviendo a nuestro estado perfecto, y alcanzando la unión eterna con el Creador.

❧❧

II

Percibiendo
la realidad

La realidad, ¿es realmente como la percibimos?

"He visto un mundo invertido"

Talmud Babilónico - Tratado Pesajim

¿Qué es la realidad? ¿Existe algo externo? ¿O es una imagen creada dentro de nosotros dependiendo de nuestros atributos internos?

Parecería obvio que la realidad es todo aquello que vemos a nuestro alrededor: casas, personas, el universo entero... Lo que podemos ver, tocar, oír, degustar y oler. Pero ¿Es realmente esto?

Es de mañana. Abres los ojos y te estiras. Es un nuevo día, el sol brilla y los pájaros cantan. Pero dentro de ti, sientes que algo no está bien. Despertaste del lado equivocado de la cama y lo menos que quieres hacer es levantarte. No obstante, recuerdas que ayer fue un día perfecto; sabías que sería formidable desde el momento mismo que despertaste, y te fue de maravilla el día entero. Y hoy, ni siquiera deseas salir de la cama.

¿Qué fue lo que cambió? ¿Cambió la realidad? ¿O, cambiaste tú?

Según la Cabalá, la imagen del mundo que conocemos es, de hecho, inexistente. Es decir, el mundo es un "fenómeno" que percibimos los seres humanos. Es la reflexión de los grados de equivalencia entre los atributos del individuo y los de la fuerza que se encuentra fuera de él, la fuerza de la Naturaleza, el atributo de amor y otorgamiento absolutos. En otras palabras, los grados de equivalencia entre los atributos del ser humano y los de la Naturaleza es lo que el hombre percibe como "el mundo".

¿Qué nos quieren decir con esto? Echemos mano de un radiorreceptor para hacer una demostración. Las radiodifusoras constantemente están transmitiendo, pero sólo las escuchamos cuando nos sintonizamos con la estación en una cierta frecuencia. ¿Cómo capta el receptor la señal? Genera una frecuencia interna idéntica a las ondas sonoras en el aire. Así pues, el radiorreceptor capta la transmisión sólo después de haber cambiado la frecuencia en su interior, a pesar de que las ondas sonoras siempre estaban allí.

Los cabalistas dicen que percibimos la realidad de nuestro entorno exactamente de la misma forma, conforme a la "frecuencia" que generamos en nuestro interior. En otras palabras, la realidad que nos rodea depende totalmente de nuestras condiciones internas. Por consiguiente, únicamente nosotros podemos cambiarla.

¿Desconcertados?

Nuestra vida está dentro de nosotros

Con el fin de comprender la manera en que percibimos la realidad, imaginemos al ser humano como una caja cerrada con cinco "aperturas". Los ojos, las orejas, nariz, boca y manos. Estos órganos representan nuestros cinco sentidos: la vista, el oído, el olfato, el gusto y el tacto. Percibimos la realidad a través de ellos. El rango de tonos que podemos oír, lo que podemos ver y demás, dependen de la percepción de nuestros sentidos.

Para ejemplificar lo anterior, demos un vistazo al funcionamiento de nuestro sistema auditivo. Primero, las ondas de sonido llegan hasta el tímpano y lo hacen vibrar. Las vibraciones mueven los huesos del oído medio que envían la señal al cerebro, y ahí la información recién llegada se compara con la que ya existe en nuestra memoria. Basándose en esta comparación, el cerebro forma una imagen del mundo que parece existir "frente" a nosotros. Este proceso crea el sentimiento que vivimos en un "lugar" específico, pero este sitio se encuentra realmente dentro de nosotros. En otras palabras, todo el proceso se desarrolla internamente. Y los demás sentidos funcionan igual.

¿Entonces, qué es lo que verdaderamente percibimos? Sólo nuestra reacción interna a un estímulo externo, y no lo que realmente se encuentra afuera. Estamos "encerrados dentro de nuestra caja" por lo que no

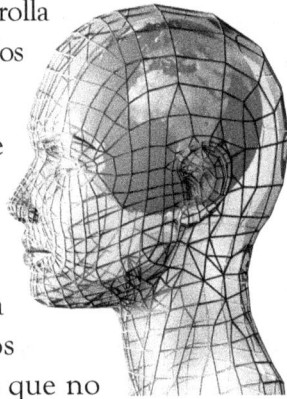

podemos decir con certeza lo que hay en el exterior. Nuestras imágenes de la realidad son las que han estructurado nuestros sentidos junto con la información acumulada en el cerebro. Hace algunos años, la ciencia descubrió que el estimular eléctricamente al cerebro nos podía hacer sentir como si estuviéramos en cierto lugar y situación. De hecho, los científicos que estudian la naturaleza saben que cada una de las criaturas percibe el mundo de una manera diferente. En relación al ser humano, el gato puede ver en la oscuridad seis veces más; el sentido del oído del perro es mucho más agudo y sensible por lo que puede escuchar los sonidos antes que nosotros. El ojo del hombre está adaptado a una longitud de onda que va desde el púrpura hasta el rojo. Es por eso que no vemos el violeta que tiene una longitud de onda menor al púrpura. Sin embargo, las abejas pueden percibir la radiación ultravioleta y localizar diversos tipos de flores.

Estos ejemplos nos muestran que si los humanos tuviéramos otros sentidos, su percepción de la realidad sería totalmente diferente.

Todo depende exclusivamente del cambio de nuestras cualidades internas. Por esta razón, el propósito de la ciencia de la Cabalá es mostrarnos que al transformarnos (y hacerlo rápidamente en el transcurso de una vida) empezamos a trascender nuestra existencia terrenal. El cuerpo permanece aquí y seguimos viviendo nuestra vida usual con nuestra familia, hijos, el mundo y la sociedad; pero además de todo esto, percibimos la Realidad Superior.

La vida es un sueño

Nuestro mundo existe dentro de nosotros. Nuestros cinco sentidos reciben estímulos externos y los transmiten al cerebro, donde se procesan, formando una imagen del mundo, pero no percibimos nada fuera de eso.

El universo en sí nos es desconocido. Por ejemplo, si el tímpano en mi oído está dañado, no oigo nada y el sonido no existe para mí. Percibo sólo lo que se encuentra dentro del rango en el que estoy sintonizado.

"¿Qué es la vida? Un frenesí. ¿Qué es la vida? Una ilusión, una sombra, una ficción, y el mayor bien es pequeño: que toda la vida es sueño, y los sueños, sueños son."

Pedro Calderón de la Barca, "La vida es sueño"

Nuestra percepción del entorno es completamente subjetiva. Captamos nuestras propias reacciones a algo que supuestamente está ocurriendo fuera de nosotros, pero ¿en realidad está sucediendo algo afuera?

Muchas teorías discuten el tema. La teoría de Newton establece que existe una realidad objetiva, que el mundo es como lo vemos y que existe a pesar de nuestra propia existencia. Más tarde, Einstein dijo que la percepción de la realidad depende de la relación entre la velocidad del observador y lo observado. Que al cambiar nuestra velocidad relativa a la de un objeto, lo observamos de una manera totalmente diferente: el espacio se deforma, se comprime o se expande, y el tiempo cambia.

Otras teorías, como el principio de incertidumbre de Heisenberg, proponen reciprocidad entre el individuo y el mundo. En pocas palabras, la percepción de la realidad es el resultado de mi influencia en el mundo y la influencia de éste en mí.

TODO FUE UN SUEÑO

Los cabalistas explican que el hombre puede percibir la realidad en dos niveles que están bajo la influencia de sus atributos internos.

En el **primer nivel**, el atributo propio del ser humano es "el egoísmo". Éste nos da la sensación de estar separados de los demás y hasta nos alienta a tomar ventaja de ellos. El egoísmo es también la razón por la cual nuestra imagen de la realidad es un mundo de guerra, peleas, pobreza y corrupción.

Sin embargo, gradualmente las experiencias que tenemos en la vida, nos hacen tomar consciencia que nuestra percepción egoísta no nos da una satisfacción verdadera, pues el placer siempre es pasajero.

En el **segundo nivel**, el más elevado, nuestro atributo interno es el amor absoluto y otorgamiento, igual que el de la fuerza de la Naturaleza. Quienes perciben el mundo de esta manera observan que los seres humanos funcionamos como piezas de un sistema único, trabajando en correspondencia mutua, creando un círculo de placer infinito.

Según la Cabalá, el primer nivel es tan sólo una etapa que tenemos que atravesar, y su única finalidad es permitirnos cambiar, de manera independiente, nuestra percepción de la realidad. Los cabalistas que aprendieron a transformar su percepción, definen nuestra existencia actual como "la vida imaginaria" o "la realidad imaginaria".

En contraste, a la existencia corregida, plena y perfecta, le llaman "la vida real" o "la verdadera realidad". Cuando reflexionaban sobre sus percepciones egoístas pasadas, decían, "éramos como aquellos que sueñan" (*Salmos* 126:1). Es decir, la verdadera realidad está oculta a nosotros, por ahora. No nos percatamos de ello porque percibimos al mundo y a nosotros mismos conforme a nuestros atributos internos que son todavía egoístas. No advertimos que todas las personas están enlazadas entre sí como una sola porque rechazamos tal relación.

Si reemplazamos nuestro egoísmo por los atributos de amor y otorgamiento de la Naturaleza, vamos a percibir y experimentar cosas completamente diferentes a nuestro alrededor, que nunca habíamos notado. Es más, todo lo que veíamos antes estará ahora lleno de plenitud, eternidad y tendrá un propósito determinado. Esto es a lo que los cabalistas se referían en el versículo: "He visto un mundo invertido" (Talmud Babilónico, Tratado *Pesajim*).

Prueba para que veas...

La sabiduría de la Cabalá enseña que el propósito de nuestra vida es, de manera independiente, elevarnos de esta existencia limitada a la verdadera y eterna.

Para conseguirlo, necesitamos los auténticos libros cabalísticos, ya que fueron escritos por quienes descubrieron la imagen verdadera de la realidad. En ellos, los cabalistas nos hablan de la realidad perfecta que se encuentra de hecho a nuestro alrededor. Sólo necesitamos cambiar nuestra frecuencia interna para sintonizarnos a la emisión.

Al ir leyendo sobre la verdadera realidad, la neblina gradualmente se va disipando de nuestros sentidos y se empieza a percibirla. De hecho, los cabalistas explican que no es la comprensión de los textos que cambia nuestros atributos. Aunque no se entienda, el deseo de asimilarlo armoniza nuestra percepción.

Así lo expresa Baal HaSulam en su libro *Introducción al Estudio de las Diez Sefirot*: ***"Aún cuado no comprendan la lectura, el anhelo y gran deseo de entender la enseñanza despiertan en ellos las luces que rodean sus almas... Por tanto, aún cuando no tengan las vasijas, al iniciarse en esta sabiduría, mencionando los nombres de las luces y vasijas relacionadas con su alma, empiezan a iluminarles en cierta medida..."***

La diferencia entre nuestra percepción actual de la vida y la que podríamos alcanzar es enorme. Para describirla de alguna manera, *El Libro del Zohar* la compara con la diferencia entre una delgada vela de luz y una luz infinita, o con un grano de arena comparado con todo el planeta. Sin embargo, a quien realmente desea conocer lo que significa, los cabalistas le sugieren que lo vea por sí mismo: "Prueba para que veas que el Señor es bueno" (*Salmos*, 34:8).

MILAGROS Y PASES MÁGICOS

"...porque es cierto y verídico que el Señor Mismo pone la mano del hombre sobre su buen destino, o sea que le proporciona una vida de goce y deleite, dentro de una vida material llena de sufrimiento y dolor, vacía de todo contenido –que inevitablemente le causa desplazarse y huir de ello cuando ve aunque sea un vislumbre desde las ranuras de un lugar de tranquilidad para refugiarse allí de esta vida más dura que la muerte– que no hay una toma de mano mayor que esta, de parte del Señor".

Baal HaSulam,
"Introducción al Estudio de las Diez Sefirot", ítem 4

Todos nosotros esperamos un milagro, algo que nos lleve tan solo por un momento, fuera de los límites de la opresiva realidad. Sin embargo, el milagro verdadero no se da por arte de magia, sino por un cambio de nuestra naturaleza a otra de otorgamiento, por el deseo de elevarnos espiritualmente.

Aquí y allá escuchamos manifestaciones fuera de lo común, desde milagros médicos, rescates inexplicables de un peligro e incluso de muerte, hasta hechizos.

Sin embargo, si profundizamos en el concepto de "milagro", resulta confuso e ilógico para nuestro entendimiento. Si es algo imposible, ¿cómo es que se produce? Ciertamente las cosas imposibles no pueden pasar... Entonces, ¿por qué tenemos la esperanza de que ocurran?

En realidad, responde a una necesidad emocional de buscar algo más allá de nuestra vida y existencia, algo mucho mejor.

Hoy día, es fácil explicar muchos fenómenos que en el pasado se consideraron imaginarios o milagrosos. Un nativo africano vio un pájaro enorme de metal que llegaba desde el cielo. Si nosotros estuviéramos en el lugar, veríamos que es sólo un avión Boeing aterrizando.

Siendo así, el concepto de milagro depende de nuestro conocimiento de la realidad; es algo relativo, ya que lo percibido por una persona como algo común es un milagro en otro lugar o para otra persona.

Por ejemplo, si viéramos a nuestro vecino flotando en el aire, pensaríamos que nos volvimos locos, pero en la estratosfera, donde la fuerza de gravedad es nula, sería absolutamente posible.

Limitados por cinco sentidos e intelecto

No existen milagros en nuestro mundo, sino que todo es constante, producido según la Legislación Superior, que espera ser descubierta por nosotros. Ya se escribió sobre esto: **"Lo que fue, eso será, y lo que se hizo, eso se hará; no hay nada nuevo bajo el sol"** (Eclesiastés 1:9). Captamos la realidad infinita en forma limitada, a través de nuestros sentidos e intelecto. Por lo tanto, cualquier fenómeno que no pueda ser explicado lo interpretamos como un milagro.

Los científicos hablan de nuestra percepción de la realidad como relativa. El tiempo, la masa y el espacio se definen y cambian en relación a la luz, siendo ésta constante. Cuanto más se acercan, a la velocidad de la luz, la masa se transforma en infinita, el espacio y el tiempo, simplemente desaparecen. Además, según la física cuántica, algo puede existir al mismo tiempo en distintos lugares y estados.

EN EL MUNDO ESPIRITUAL, EL MILAGRO ES LEY

El mundo espiritual está fuera de los límites de nuestra percepción. En nuestro mundo, todo se hace de acuerdo a leyes de recepción, del ego, mientras que en el mundo espiritual, todo ocurre de forma ilimitada e infinita, y se maneja de acuerdo a leyes de amor y otorgamiento, la física espiritual.

Cuando alcanzamos la Fuerza Superior, entendemos que no hay milagros, sino que interpretamos así ciertos eventos porque estamos todavía en un nivel en el que no podemos percibir la Naturaleza Superior. O sea, estamos limitados a nuestra estrecha dimensión física que somos capaces de captar. **Por eso, lo que a nosotros nos parece como un milagro es una realidad clara en la espiritualidad; una ley real de la Naturaleza.**

SIN MILAGROS NI PASES MÁGICOS

La sabiduría de la Cabalá menciona a menudo el concepto de milagro. Nosotros conocemos explicaciones superficiales de lo que es, como los milagros de *Jánuca* (Fiesta de las luminarias), del Éxodo de Egipto y de *Purim*.

En la espiritualidad, sin embargo, éstos tienen un significado distinto: representan el proceso profundo e interno que pasa el individuo en su camino espiritual.

La condición para percibir la realidad espiritual es que la persona tenga un anhelo suficientemente fuerte para transformar sus *Kelim* o vasijas de percepción (receptores, sentidos) de egoístas a altruistas. Cuando esto pasa, la Fuerza Superior complace el deseo de la persona de ser "otorgante" como Ella, y le hace un *"milagro"*, aquí en este mundo.

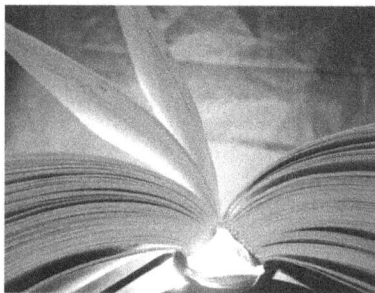

Así, cada vez que subimos un grado espiritual -adquiriendo una capacidad más grande de dar-, se nos hace un "milagro". Sin embargo, cuando alcanzamos la Naturaleza Superior, ya no nos referimos a ello como milagro, sino como una ley natural simple.

Hoy día, todo el mundo espera algún milagro. Abundan programas televisivos con videntes y hacedores de milagros. En cierta forma, quisiéramos escaparnos de la realidad y llegar a algo más elevado que hasta ahora no hemos experimentado. El verdadero milagro, que es el cambio de nuestra naturaleza por una de otorgamiento, se producirá únicamente si deseamos férreamente unirnos a la Fuerza Superior. Sólo entonces, romperemos la barrera de nuestra naturaleza, transformándola en una espiritual, de otorgamiento.

Entonces, nos sentiremos "en las nubes". Esto no significa que flotaremos por los aires o estaremos en otra dimensión, sino que experimentaremos una realidad cotidiana mejorada. Todo pasará aquí, en nuestro mundo, sin milagros ni pases mágicos. Comenzaremos a vivir de acuerdo a leyes espirituales, y de esta manera la realidad material y la espiritual se unirán en una sola sensación de plenitud y eternidad.

¿TODO TIENE EXPLICACIÓN?

"No tienes ni una hierba [en este mundo]
que no tenga su suerte y guardián en el
cielo que la golpee y le diga ¡crece!"

(Bereshit Raba)

Así como en este mundo hay leyes absolutas que lo manejan, también en el mundo Superior hay leyes que influyen en nosotros, aún cuando no estemos conscientes de su existencia.

Si quisiéramos entender las manifestaciones que se producen en el mundo en que vivimos, deberíamos primeramente entender su raíz, o sea, de dónde vienen.

Si observamos simplemente lo que ocurre, debemos admitir que no tenemos idea de por qué pasa lo que pasa en nuestro mundo, desde los fenómenos más simples como, por ejemplo, el estado del tiempo, el estado de ánimo cambiante, la salud y la enfermedad, un encuentro casual con una voz del pasado, el estallido de guerras sangrientas o el triunfo de un equipo de fútbol por diferencia de un gol.

Después de que sucede algo, se le puede encontrar mil causas de acuerdo a la variedad creativa de nuestra imaginación, y siempre habrá una explicación: "Estoy enfermo porque ayer no me abrigué después de ducharme", "ese entrenador no sabe tomar decisiones en los momentos críticos", etc.

PERO ¿ES REALMENTE ASÍ?

La Sabiduría de la Cabalá investiga el origen del cual se derivan todas las consecuencias, describiendo el comportamiento en nuestro mundo de acuerdo a leyes absolutas de la Naturaleza, que aún cuando permanezcan ocultas a la persona común, **no son una colección de fenómenos casuales.**

Se puede dar como ejemplo la fuerza de la gravedad que actúa sobre nosotros. Seguramente, si nos paramos sobre una silla y saltamos al piso, será gracioso, pero si saltamos desde el techo de un rascacielos, será una catástrofe.

En este ejemplo, el error y la consecuencia son inmediatos y aparentes, y a nuestro entender, la consecuencia se relaciona directamente a la causa. Pero si nos imagináramos que existe cierta dilación entre el salto y el efecto, podríamos entender mejor de qué habla la Cabalá.

La Cabalá ve la consecuencia y su causa al mismo tiempo, pero nosotros sólo sentimos el efecto, sin entender la conexión con la causa, su factor.

"La ley de la gravitación", es una ley absoluta, no se puede esquivar o engañar. Lo máximo que podemos hacer es conocerla y comportarnos de acuerdo a sus principios. Pero si todavía no conocemos esa ley y no vemos la relación de causa-efecto entre ella y nosotros, **¿cómo podremos prevenir la próxima caída?**

Y sobre esto los cabalistas nos responden claramente: "El no conocer la ley no nos absuelve del castigo". O sea, no podemos saltar de un rascacielos y decir: ¡Ay, perdón, no sabía!

De la misma manera definida y absoluta actúan también las leyes espirituales de las que hablan los cabalistas, y si deseamos disfrutar de la vida y realizarla completamente, tendremos que familiarizarnos con ellas.

LEY DE LA RAÍZ Y LA RAMA

Una de estas leyes espirituales es la "ley de la raíz y la rama". Ésta determina que todo lo que ocurre en el mundo corpóreo es una copia, un *sello*, de lo que ocurre en el mundo espiritual, el *mundo Superior*.

Los sabios de la Cabalá explican que éste se encuentra oculto a nuestros sentidos, aunque para ellos es perceptible, al punto que hasta se refieren a ello como el mundo **auténtico**, mientras que a este *mundo físico* lo consideran como el mundo **imaginario** de consecuencias. Al mundo que ven ellos lo llaman *el mundo de las causas* o *el mundo de las raíces* y al que nosotros vemos lo llaman *el mundo de las consecuencias* o *el mundo de las ramas*.

Todo lo que nosotros pensamos, percibimos, sentimos, imaginamos, vemos, escuchamos, etcétera, ya ha
sido determinado y decidido en el mundo Superior, sin
que estemos enterados para nada de ello.

El Rabí Yehuda Ashlag (autor del *Sulam*, la interpretación más respetada del *Libro del Zohar*) lo describe en su
artículo, "La esencia de la sabiduría de la Cabalá", de la
manera siguiente:

*"...no existe ni un elemento o acontecimiento en la realidad
de nuestro mundo inferior [corporal], que no tenga su ejemplo
en el mundo Superior [espiritual], de forma equivalente como
de dos gotas de agua, llamadas, "raíz y rama". Es decir, que la
parte que se encuentra en el mundo inferior [nuestro mundo] es
considerada la "rama" que corresponde a su ejemplar el cual se
encuentra en el mundo Superior. Y éste último es la "raíz" de
esa parte inferior, ya que es de allí [del mundo Superior] que fue
grabada y formada aquella parte del mundo inferior".*

SI ES ASÍ, ¿HAY ALGO QUE HACER?

Los cabalistas nos permiten intervenir en este sistema y cambiar nuestro destino. El cambio comienza con aprender el accionar del sistema. Si en mi estado actual no puedo modificar nada, pero hay otro lugar en donde tengo la posibilidad de cambiar mi destino y determinarlo, es muy importante que lo sepa. ¿Por qué? Para que no siga perdiendo mi tiempo y esfuerzos en vano, en intentos frustrados de ser feliz, como hasta ahora.

Lo importante es empezar la búsqueda del camino hacia ese mismo lugar de donde se puede realmente influir en el sistema general del universo y sus leyes, y cada uno de nosotros puede alcanzarlo, siguiendo las huellas de los cabalistas que lo han logrado.

☙❧

EL SECRETO DE LA MAGIA
DE HARRY POTTER

En los últimos diez años se ha presentado un fenómeno literario sin precedentes. Su nombre es "Harry Potter". Hasta ahora en todo el mundo se han adquirido 325 millones de ejemplares de la serie que se compone de siete libros. La colección se ha traducido a 65 idiomas, muchos de los cuales son tan extravagantes como el latín y el zulu. El último libro vendió 8 millones de volúmenes en un par de semanas y sólo en los Estados Unidos, se compran miles cada hora. Para comprender la trascendencia de su éxito es importante resaltar que el único libro que ha vendido una cantidad mayor de ejemplares que Harry Potter es la Biblia.

¿POR QUÉ TANTO ESCÁNDALO?

Harry, el afable joven de gafas que asiste a la *Escuela Hogwarts de Magia y Hechicería* debe enfrentar brujos y monstruos malvados para salvar a la humanidad. Pero, las contiendas de Harry no son un fenómeno único. Junto a éste, llegaron otros éxitos de cartelera como *Matrix* y *El señor de los anillos*.

Podríamos dar muchos ejemplos pero la idea es muy clara: nos encanta la fantasía. ¿Qué es lo que nos atrae del misticismo? ¿Qué intentamos hallar allí que no encontramos en otra parte? ¿Realmente creemos en la existencia de lugares encantados, poderes mágicos, o sencillamente estamos tratando de escapar de nuestra fría realidad?

Un viaje al país de las maravillas

Muy dentro de nosotros se halla un anhelo inherente por descubrir un nivel más profundo de la realidad, total, libre, desligado del tiempo y el espacio. Bajo el umbral de nuestra conciencia tenemos el deseo de comprender las fuerzas que moldean la realidad que tenemos frente a nosotros.

Hasta cierto punto, las novelas de fantasía se remiten a esta necesidad en nuestro interior y nos proporcionan un sustituto temporal de la realidad más honda que andamos buscando. Nos introducen a mundos alternativos, encantados y misteriosos; nos hablan de otras dimensiones, gobernadas por poderes legendarios que pueden cambiar nuestro mundo.

La infancia es un buen momento para preguntarnos acerca del significado de la vida. A menudo, con la inocencia de la niñez intentamos esclarecer quiénes somos y de dónde venimos. Cuando un ser querido fallece sentimos el impulso de cuestionarnos sobre el sentido de la vida y la muerte.

Las novelas fantásticas nos ofrecen respuestas mágicas a preguntas muy difíciles de responder, navegamos en sus páginas hacia tierras remotas en donde vivimos aventuras nunca antes narradas, de las cuales siempre regresamos sanos y salvos a casa. El problema es que a medida que vamos creciendo, la vida empieza a tornarse sombría y tediosa, como la comunidad Muggle, tan carente de encanto.

Con el paso de los años nos convertimos en adultos "responsables" y nos olvidamos de nuestras interrogantes sobre la vida, sepultándolas bajo un cúmulo de impostergables compromisos en el mundo de las personas mayores. Nuestro creciente interés por las novelas fantásticas se despierta debido a que las complicaciones que vivimos en el siglo XXI han reavivado nuestro deseo de una realidad alternativa más atractiva.

UNA PLATAFORMA AL INFINITO

¿Recuerdan el Andén Nueve en la Estación Ferroviaria de King's Cross en Londres? Al joven Potter se le indicaba en la carta de la *Escuela Hogwarts de Magia y Hechicería* que allí tendría que abordar el tren que lo llevaría al mundo de la magia. Pero, para llegar al andén, Harry tenía que traspasar una pared muy sólida, la barrera entre nuestro (Muggle) mundo y el mundo mágico. Sin la ayuda de la mujer regordeta, nunca hubiera sabido lo que tenía que hacer para pasar al otro lado.

De una manera muy parecida, en una de sus cartas, Baal HaSulam, el gran cabalista del siglo XX, contó a sus discípulos una historia acerca de la primera vez que se entra al mundo espiritual. Él también lo describe como un muro, pero en lugar de caminar a través de él, lo único que se necesita es tener la intención correcta y el muro se va a desvanecer. El personaje de la mujer regordeta lo toman los libros y los maestros de Cabalá, que nos describen lo que tenemos que hacer para adquirir esta correcta intención.

LA PALABRA MÁGICA ES: AMOR

Durante varios siglos, a través de sus libros los cabalistas nos han estado enviando invitaciones para ir al mundo espiritual, describiendo la abundancia que vamos a hallar, si tan sólo seguimos su guía. Sin embargo, hasta ahora la gran mayoría de nosotros no busca cómo entrar. Ya sea porque ignoramos la existencia de los cabalistas, o no tenemos conocimiento de la invitación para ingresar al mágico mundo del espíritu o sencillamente la rechazamos.

Sin embargo, la sabiduría de la Cabalá está lista para conducirnos a ese prodigioso mundo de la sabi-

duría. Nos puede enseñar cómo triunfar sobre las pe-
nas de la existencia, sus retos y dilemas, ayudándonos a
unirnos con los demás mediante el amor. Los libros de
Cabalá nos van a devolver el encanto que perdimos en
la adolescencia, mostrándonos que estamos destinados
a la grandeza.

Vamos a descubrir que el mundo encantado que la
humanidad ha buscado en Alicia, Narnia, Oz y Harry
Potter está de hecho a la vuelta de la esquina, no en otra
vida, sino sencillamente en una intención. La verdadera
magia está dentro de nosotros y la palabra que la convierte en realidad es "amor".

ভ৹৻৶

LA BÚSQUEDA
DE LA ESPIRITUALIDAD

**Todos queremos disfrutar, recibir gra-
tificaciones. Unos encuentran la cima
del placer en un jugoso churrasco de
350 gramos, y otros no descansarán
hasta triunfar en un partido de ajedrez
o hasta que su equipo favorito de fútbol gane la copa. Tú quieres ganar la
lotería y tu novia será feliz sólo cuando
pueda desprenderse de esos cinco kilos
demás...**

Aunque somos distintos en la elección del placer, el
común denominador es la necesidad de llenar lo que sentimos que nos falta.

EL PLACER SE DESVANECE

Hay sólo un pequeño problema con "este asunto" del
placer. Si analizamos nuestra vida, descubriremos que de
todo lo que hicimos hasta hoy, nos queda sólo un recuer-
do. Perseguimos placeres momentáneos, que al alcanzarlos, desparecen como si se nos escaparan de las manos.

Cuando estabas en el jardín de infantes querías estar en la escuela; te la imaginabas como un lugar divertido, donde chicos grandes "la pasan bien" y aprenden cosas fascinantes. Cuando finalmente llegaste a la escuela pusiste tu mirada en el colegio secundario, y luego el anhelo de conocer el mundo o de tener un título universitario era la cúspide de tus aspiraciones. Más tarde, se despertó la necesidad de formar una familia...

Siempre nos parece que en la próxima etapa todo será mucho mejor. Pero, ¿es realmente así? Hoy día, ¿nos sentimos realmente mejor que ayer?

Fuera de esto, cuando ya obtenemos lo deseado, lo disfrutamos, y luego el placer desaparece. Si estás sediento, sueñas con un vaso de agua, lo recibes, y disfrutas del primer sorbo. ¿Y qué pasa a continuación? El próximo sorbo te deleita menos y el siguiente aún menos y al final, te olvidas que estabas sediento.

En conclusión, toda la vida vamos tras algún "fantasma" que se esfuma al atraparlo.

LOS CINCO GRADOS DEL DESEO

Los sabios de la Cabalá descubrieron que los deseos del ser humano se dividen en cinco grados, en escala ascendente según nuestro nivel de desarrollo:

El **primero**, el básico, es para el alimento, la salud, el sexo y la familia. El **segundo**, es el anhelo por el dinero, el cual creemos nos asegura la supervivencia y un buen nivel de vida. En el **tercero**, queremos honor y control, sobre nosotros mismos y los demás. En el **cuarto**, nos parece que alcanzar conocimientos nos hará felices. Tan sólo en el **quinto grado** de desarrollo del deseo entendemos que hay algo que sobrepasa lo que captamos, algo que dirige nuestras vidas, y a eso nos queremos vincular.

La necesidad de alimento y sexo se define como *deseos corporales*, y son necesarios también para los animales. Incluso una persona que se encuentra totalmente aislada, siente hambre y desea disfrutar de buena salud y sexo.

En cambio, los deseos de riqueza, poder y conocimiento, son considerados *deseos humanos*. Éstos se desarrollan como parte de nuestra vida en sociedad, satisfaciéndolos con la ayuda de otras personas, únicamente.

Pero cuando se despierta en nosotros el quinto deseo, no sabemos cómo satisfacerlo. A éste los cabalistas lo llaman el *Punto en el corazón*.

El Punto en el corazón

Los cabalistas denominan a la totalidad de nuestros deseos como el corazón humano, y al deseo más elevado –el anhelo por el mundo espiritual– lo llaman el *Punto en el corazón*, que produce en nosotros una sensación de falta de sentido, despertándonos la necesidad de buscar algún objetivo en nuestra vida y una razón para vivir. La persona en la que ha despertado el *Punto en el corazón*, se pregunta de pronto, ¿qué sentido tiene mi vida?, y no encuentra respuesta alguna en el mundo físico para saciarse. Se le podría ofrecer dinero en abundancia, honor, control o conocimientos, pero seguiría frustrada.

Eso se debe a que este último deseo llega desde un plano más alto que este mundo, y su llenado, por lo tanto, debe provenir del mismo nivel. La sabiduría de la Cabalá nos enseña cómo satisfacerlo y efectivamente, en los últimos años hemos sido testigos del creciente despertar del deseo hacia la espiritualidad, por el que muchos se dirigen a la Cabalá.

LLENAR EL VACÍO

La persona en la que despierta el *Punto en el corazón*, va en busca del anhelado placer espiritual, el **llenado completo y eterno**, según los cabalistas. Cumplir los deseos corporales y humanos calma al ser humano. Pero cuando se despierta el deseo por la espiritualidad, uno no sabe cómo satisfacerlo. Aún más, desconoce lo que ha despertado en él repentinamente. Y por lo tanto, permanece insatisfecho, llevándolo a sentir impotencia, desesperación, frustración e incluso falta de sentido en la vida. Esta sensación es la razón principal del

continuo aumento en el uso de drogas, alcohol y de otros escapes.

Muchos nos hemos preguntado desde niños: ¿para qué vivimos?, pero con el pasar de los años, la influencia de los deseos y tentaciones que hacen distraer nuestros pensamientos, se va extinguiendo la pregunta y desaparece la necesidad de encontrar la verdadera solución. En cierto momento, con el despertar del *Punto del corazón*, surge nuevamente esta interrogante, incitando nuestros sentidos.

Quien se encuentra firme ante la exigencia de encontrar la respuesta, llega a la sabiduría de la Cabalá y por su intermedio consigue el llenado espiritual, satisfaciendo así la necesidad del *Punto en el corazón*.

La saciedad del deseo por la espiritualidad le brinda al ser humano la sensación de una vida eterna y completa, una existencia por encima de su vida corporal. Esta percepción es fuerte, al punto que, en el momento de separarse de su cuerpo físico, no siente que ya no está con vida, porque se "identifica" con el llenado más elevado que existe en el *Punto en el corazón*, su nueva vasija de percepción.

๛

¿Quién es Dios?

Una visión cabalística acerca de quién es Dios, dónde se encuentra y la relación que tiene con nosotros.

Todos hablan sobre Dios estos días. Éste se ha convertido en el tema de enérgicas, cuando no acaloradas discusiones. Sin embargo, al hablar sobre Dios, ¿realmente sabemos de quién o de qué estamos hablando? Y si es así, ¿significa que la persona que sostiene puntos de vista distintos a los míos no sabe lo que dice? ¿Por qué yo deba asumir que tengo una mejor comprensión sobre algo que ni yo ni mis interlocutores podemos percibir claramente?

Una célebre adivinanza Zen dice "¿Si un árbol cae y no hay nadie que lo atestigüe, de todas maneras hace un sonido?" De igual forma, hasta que experimentes personalmente al Creador, no puedes dar testimonio de Su existencia, ni que hablar de qué quiere de ti.

La Cabalá explica que nuestra percepción del mundo que nos rodea es un cúmulo de impresiones que reciben nuestros cinco sentidos, las cuales son interpretadas por nuestro cerebro conforme a los recuerdos pasados y paradigmas que se encuentran dentro de él. Es por esta razón que diferentes personas interpretan el mismo suceso de manera distinta. Para alguien, una cena en un buen restaurante con acompañamiento de música suave puede ser la culminación del placer; sin embargo, para otra puede ser el epítome del aburrimiento. ¿Cuál de las dos tiene la razón?

> *La Sabiduría de la Cabalá nos ofrece una solución original al incesante debate sobre Dios:* **"Prueba y verás"**, *o como los cabalistas lo expresan:* **"Prueba y verás que el Señor es bueno"**. *Esta afirmación no quiere decir que debemos aceptar ciegamente que Él es bueno. Por el contrario, significa que debemos "probar" por nosotros mismos y "ver". Los cabalistas que han "probado" afirman, por experiencia propia:* **"Es bueno"**.

Tal como nuestra percepción del mundo físico es totalmente subjetiva, nuestras percepciones de la espiritualidad en general -y del Creador en particular- son subjetivas e indescriptibles. Por eso es que los cabalistas nos recomiendan que lo veamos nosotros mismos, es decir, prueba y ve. Para alentarnos en esta cuestión nos ofrecen sus impresiones -basadas en su propia experiencia de Dios- de que Él es bueno y hace el bien a Sus criaturas. De hecho, nos dicen que Él es tan bueno que desea darnos todo lo que Él posee, a Sí Mismo, o sea que quiere que nosotros seamos como Él.

Los cabalistas se refieren a Dios como el Creador. En hebreo, el lenguaje de la Cabalá, la palabra para Dios es ELOHIM. Se compone de dos palabras: MI (que significa "quién") y ELEH (que significa "estos"); que, a su vez, proviene del verso de Isaías 40:26 "Quién ha creado a estos?" Por lo tanto, aunque el Creador funciona, en cierto sentido, como el verbo y Dios, como el nombre propio, ambos términos se refieren a la misma entidad.

La solución que proporciona la Cabalá a las discusiones que se suscitan con respecto a la esencia de Dios es única, en el sentido que no nos da respuesta alguna, sino que nos entrega un modus operandi para desarrollar una percepción personal. En otras palabras, ésta nos promete, que si uno es constante, podrá descubrir y experimentar al Creador más claramente incluso de lo que percibimos este mundo.

Está escrito en El Libro del Zohar, la obra original de la Cabalá, que todos los mundos, el de Arriba y el de abajo, se encuentran dentro del hombre y que toda la realidad se formó sólo para el hombre, creada para sus necesidades. Lo mismo se aplica a nuestra percepción del Creador. Él se encuentra dentro de nosotros. No tenemos ni idea de cómo Él es fuera de nosotros, ni siquiera de que Él exista en nuestro exterior, puesto que "todos los mundos, el de Arriba y el de abajo, se encuentran dentro del hombre".

Si nos apegamos a esta línea de pensamiento, discutir acerca de Dios ya es un absurdo porque todo lo que podemos conocer de Él es la manera subjetiva en que Lo percibimos. ¿Será correcto imponer nuestra percepción subjetiva a los demás? Lo más que podemos hacer es sugerir el camino que nosotros pensamos es el correcto, pero la elección de este camino deberá ser la propia decisión y lo que descubren los demás, será suyo.

La Cabalá nos ofrece un camino específico mediante el cual, al estudiar ciertos libros y escuchar las explicaciones correctas, podremos descubrir al Creador. Sin embargo, aún cuando el camino sea el mismo, las experiencias son totalmente subjetivas: si yo digo que la sangre es roja prácticamente todo el mundo estará de acuerdo. ¿Pero esto quiere decir que todos perciben la sangre del mismo modo o que la experimentan de la misma manera?

La conclusión más obvia es que podemos hablar el mismo idioma, tener las mismas experiencias y a la vez, llevar vidas muy individuales. Y nuestras relaciones con Dios o la Naturaleza (que tienen el mismo valor numérico en hebreo, el lenguaje de la Cabalá), no son la excepción a esta regla. Es decir, para alcanzar la Meta de la Creación, la razón por la cual Él nos creó, todos nosotros, tendremos que llegar, a fin de cuentas, a ser semejantes a Él.

ை௸

III

El camino espiritual y el mundo moderno

LA PUNTA DEL ICEBERG

Según la sabiduría de la Cabalá, la causa de la crisis actual radica en las leyes que rigen la naturaleza y la forma en que nosotros, los seres humanos, nos relacionamos con ellas. Como la ciencia ha comprobado, la naturaleza se mantiene en constante armonía y equilibrio, pero, de verse amenazados, de inmediato se activan los mecanismos necesarios para restaurarlos.

Durante el verano pasado en Norteamérica, mientras en algunas regiones hacía un calor sofocante, en otras, había inundaciones. Gran parte de Europa y Asia estaba literalmente ardiendo o sumergida bajo las aguas, reportándose deslaves y ríos desbordados. Donde los daños no venían del cielo, llegaban de las entrañas de la tierra. Perú se recupera de un mortífero terremoto y en Japón la central de energía nuclear más importante fue clausurada después de que un sismo provocara una fuga radioactiva.

Muchos científicos ya están admitiendo que estos desastres son tan sólo la punta de un iceberg de inconmensurables proporciones. Ya no nos preguntamos si una catástrofe mayor podría ocurrir, sino cuándo sucederá. ¿Será posible que empecemos a pensar que el ambientalista James Lovelock tuvo razón al titular su libro *La venganza de Gaia* (Tierra, según la mitología griega)?

El 20 de agosto, 2005, tras desoídas advertencias, el huracán Katrina golpeó la costa este de Louisiana arrasando las ciudades de Nueva Orleans, Biloxi y poblaciones aledañas. El saldo fue casi dos mil muertos y un costo económico mayor a cualquier otra tormenta en la historia. A más de dos años, las heridas provocadas por Katrina no han cicatrizado.

Una mirada rápida a los desastres naturales alrededor del mundo, nos revela un patrón de sucesos de creciente severidad y frecuencia. Las inundaciones en Corea del Norte cobraron cientos de vidas, al igual que el terremoto en

Perú y los torrentes provocados por el monzón en China. Los incendios en Italia y Grecia afectaron grandes extensiones de terreno, dejando poblados reducidos a cenizas.

Gran parte del oeste medio de los Estados Unidos se vio saturado por las incesantes lluvias, provocando que los ríos crecieran muy por encima de los niveles de sus cauces. Miles de norteamericanos perdieron sus hogares. Otras calamidades ocurridas este año son los incendios en California y el tornado que arrasó Greensburg, Kansas.

EL CLIMA ESTÁ DE MODA

Hollywood también ha hecho suyo este tema. Los documentales de Al Gore *Una verdad incómoda* y *La hora once*, narradas por Leonardo DiCaprio, son claros ejemplos de esta tendencia. Los periódicos más serios dedican varias columnas al tema del medio ambiente. Tal parece que a casi 250 años de la revolución industrial finalmente empezamos a admitir sus consecuencias. Si antes nos preocupaba la supervivencia de algunas especies, **hoy la supervivencia de todas las especies, incluyendo la nuestra, se encuentra en peligro.** Si no modificamos radicalmente nuestro modo de pensar, la naturaleza se encargará de hacerlo por nosotros, cobrándonos un precio muy alto por sus enseñanzas.

UNA NUEVA VISIÓN DE LA NATURALEZA

El principio de interconexión y unidad determina que todas las partes de la naturaleza deben trabajar no para su propio sustento sino para el del sistema en conjunto. A excepción del hombre, el instinto de conservación del equilibrio es un atributo inherente en todos los niveles de la naturaleza: inanimado, vegetativo y animado. Por consiguiente, **en el universo entero, la humanidad es el único elemento disociado.**

Así, al corregir la naturaleza humana repararemos los demás elementos del entorno, pero si continuamos fracturando su equilibrio sólo intensificaremos y prolongaremos nuestras dificultades. La Cabalá nos enseña que el único camino que nos queda para ayudarnos a nosotros mismos y al mundo que nos rodea es "trabajar" internamente, **reemplazando nuestro deseo de auto complacencia por el deseo de "satisfacer al sistema".**

El hombre es el lobo del hombre

Cada día nos volvemos más y más egoístas, aumentando las desavenencias y alejándonos del principio de unidad. El hombre no sólo explota a sus semejantes, a los animales, plantas y minerales, sino que también se complace en erigirse sobre la ruina de los demás. Y entre más egoístas somos, mayor es la reacción de la naturaleza para restablecer el equilibrio. Por esta razón, sentimos que está cobrando venganza, cuando en realidad, simplemente intenta corregir el daño que hemos causado.

La naturaleza no puede, ni otorga concesiones. Podemos continuar escondiendo la cabeza en la arena, pero si lo hacemos, es muy probable que se quede enterrada. El tiempo apremia, pero aún podemos salir del fango, asumiendo el compromiso juntos.

LA ALTERNATIVA

Los seres humanos tomamos lo que queremos sólo para nosotros mismos. Sin embargo, como las leyes de la naturaleza han sido predeterminadas y son inalterables no tendremos otra opción sino **"optar por unirnos y retribuir, participando voluntariamente en el proceso"**, en vez de seguir a ciegas, chocando constantemente contra obstáculos imprevistos. De hecho, la ventaja privativa de los seres humanos es la habilidad de comprender cómo y por qué la naturaleza opera de la manera en que lo hace.

La sabiduría de la Cabalá nos ofrece un método de auto estudio y auto transformación, dándonos una explicación coherente de las leyes comprobadas por los cabalistas en el transcurso de casi cinco mil años. Aunque la terminología ha ido cambiando, adaptándose a las necesidades de los estudiantes en diferentes épocas, los principios han permanecido tan inamovibles como la naturaleza misma, puesto que es a ésta que dichos principios se refieren.

La naturaleza no nos creó con el poder de la reciprocidad, pero sí nos proporcionó los medios para adquirirla por elección propia. Al hacerlo, la recompensa es el desarrollo de capacidades de omnipotencia y omnisciencia. Tan sólo se necesita la voluntad para dar el primer paso.

ॐ

"Efecto Mariposa" y la Cabalá

Las crisis, como por ejemplo la de los subprime (créditos hipotecarios de alto riesgo) en los Estados Unidos, en las que un elemento "contagia" a otros y conduce a todo el mercado al borde del colapso, son algunos de los efectos de la globalización económica. Todos los intentos de enfrentar estos fenómenos por medio de acciones que intentan reforzar la capacidad de proyección de los modelos económicos existentes han sido condenados al fracaso.

Para poder construir sistemas económico-financieros, y otros sistemas de vida, tenemos que entender primeramente la reglamentación general según la cual funciona el sistema básico en el que vivimos: el sistema de la Naturaleza. El Profesor Günter Blobel, Premio Nóbel en Fisiología y Medicina, afirma que el principio de reciprocidad es la clave de cada sistema en la Naturaleza. "El mejor ejemplo de esta reciprocidad" dijo Blobel, "son las células de un cuerpo vivo. Las células se conectan una con la otra por medio de un otorgamiento recíproco, para el bien del cuerpo entero. Cada célula del cuerpo recibe lo que necesita para su supervivencia, y utiliza el total del resto de su fuerza para realizar su función en beneficio del cuerpo entero".

En realidad, en todos los niveles de la Naturaleza, el individuo actúa en bien del colectivo al que pertenece, y de esa forma obtiene su plenitud. Este delicado equilibrio recíproco facilita la existencia, y es la base de todos los sistemas naturales.

Los sistemas artificiales que la sociedad humana ha construido para sí misma, incluso los económico-financieros, se encuentran en total oposición a la armonía que reina en la Naturaleza. En su centro se encuentra el egoísmo, que prefiere poner siempre el interés personal limitado por encima del bien general. No obstante, mientras más buscamos individualizarnos y obtener ventaja sobre nuestro prójimo, más volvemos a descubrir que los humanos dependemos los unos de los otros. Aunque no estemos conscientes de ello, cada una de nuestras acciones tiene la capacidad de producir cambios de gran alcance en algún otro lugar del mundo, y viceversa. El ego y la globalización nos encarcelan dentro de un círculo vicioso, que no nos permite respirar.

Si el "efecto mariposa" es una metáfora popular del caos matemático, entonces en la era de la globalización, el "efecto del consumidor" funciona de la misma forma. Cada una de nuestras acciones como consumidores afecta a otros sistemas y personas, con las que por lo general, no tenemos ningún contacto. De igual forma, el paseo de compras que realiza la señora López de Buenos Aires en el centro comercial al lado de su casa, tiene consecuencias muy significativas sobre la vida de muchas personas en el mundo. El producto que comprará puede determinar si una u otra fábrica continuará en funcionamiento, si algunas personas serán trasladadas de sus comunidades, tal vez serán salvadas del hambre, o quizá serán explotadas aún más.

De esta manera, identificamos fácilmente cómo eventos singulares como la crisis hipotecaria de los Estados Unidos, los desastres naturales, los atentados terroristas, y la tensión militar en el Golfo Pérsico, afectan directamente el precio de las mercancías en todo el mundo, y conllevan un peligro a la estabilidad económica global.

Por lo tanto, ha llegado la hora de reconocer que somos parte integral del sistema natural, y de asumir el rol dictado por Él. Para estabilizar los distintos sistemas que hemos creado entre nosotros, debemos corregir nuestras

relaciones egoístas, en las que están basados estos sistemas. Este objetivo es alcanzable, pero requiere abordarlo desde varios ángulos.

Para empezar, los líderes económicos tienen que percatarse que es necesario enfrentarse a esta enfermedad desde su raíz, en lugar de continuar abasteciéndole al mundo "remedios analgésicos".

Además, hay que despertar la conciencia pública al hecho de que somos todos partes de un solo cuerpo compuesto de múltiples células. Cada una de las células de este sistema humano tendrá que entender que el modelo económico más beneficioso para sí misma es la felicidad de otra persona, y que sólo así podremos asegurar nuestra estabilidad.

Es importante, entonces, proporcionarle al público en general la causa de la crisis y la forma de resolverla. Esto será posible por medio del uso de varios ejemplos que muestran la manera en que funcionan los múltiples sistemas en la Naturaleza, y las interrelaciones y reciprocidad que existen entre ellos.

En ese sentido, resulta necesaria la enseñanza a personas claves, de la forma en que funciona el sistema global de la Naturaleza, para que puedan deducir de ello cuáles son los cambios que se deben efectuar en los sistemas humanos existentes, con el propósito de estabilizarlos y conducirlos a un estado de balance. Este punto es realizable mediante la sabiduría de la Cabalá, el método que nos enseña las leyes básicas de los sistemas naturales.

Por último, la unión de fuerzas de instituciones distintas en la sociedad es necesaria para conseguir que estos conocimientos echen raíz, sean asimilados por el público, y conduzcan a la humanidad a realizar este cambio necesario hacia un puerto de refugio.

Cuando nuestro mundo empiece a cambiar de dirección hacia el requerido equilibrio con la Naturaleza, los resultados no tardarán en llegar.

৩০০

3.

Globalización
y espiritualidad

La globalización de la economía implica que cualquier mercado está inextri-
cablemente ligado a la economía mundial. En esta nueva realidad, debemos
descubrir la forma correcta de actuar
dentro de un sistema interconectado.
Y, ¡qué mejor ejemplo de estudio que
la Naturaleza misma, que es la madre
de los sistemas integrales perfectos!

Myron Acholes y Robert Merton tenían todo lo que
cualquier científico podría jamás desear: fama, un Premio
Nobel en Economía, y profesorados en las universidades
más prestigiosas del mundo.

Estaban seguros de que apostar al mercado era como
tirar los dados: se puede fácilmente medir las probabili-
dades para cada uno de los posibles sucesos. Su infalible
plan consistía en predecir el mercado con precisión a través de estudios estadísticos.

Junto a otros expertos, establecieron un fondo de inversión para beneficiarse bajo cualquier condición posible del mercado. Lo llamaron *Long Term Capital Management*, o LTCM (Administración de Capital de Largo Plazo). El fondo desarrolló una política de inversión basada en modelos matemáticos, rindiendo un asombroso 40% de ganancia anual sin pérdidas ni fluctuaciones. Creían haber descubierto la fórmula mágica, identificando patrones en un mundo impredecible.

La operación parecía invencible, hasta que una fatídica noche de septiembre del '98 estalló la burbuja. El desastre empezó con un evento aparentemente inocuo: la devaluación del Thai Baht, que impactó los mercados asiáticos de Europa Oriental, y así la bola de nieve siguió rodando hasta que finalmente alcanzó al LTCM, sufriendo un colapso total y una tensión sin precedentes en los sistemas económicos a nivel mundial.

Una desesperada reunión de emergencia entre los líderes económicos mundiales logró evitar un caos económico global.

El colapso es contagioso

Los economistas dicen que la caída más dramática del dólar fue provocada por un cambio en la política de China. Ésta, preocupada por su propia economía, empezó a diversificar sus inversiones, en vez de seguir manteniendo todos sus fondos en dólares. Consecuentemente, Arabia Saudita, Corea del Sur, Venezuela, Sudán, Irán y Rusia empezaron a considerar 'desdolarizar' sus activos a fin de salvaguardarlos de la depreciación de la divisa norteamericana.

Una y otra vez reaparece la sensación de una crisis a escala mundial. Todos los intentos por predecir las tendencias económicas han resultado inútiles. Entonces ¿Cómo establecemos un sistema económico verdaderamente viable y estable?

LOS SISTEMAS ENTRE NOSOTROS

La respuesta, según la sabiduría de la Cabalá es realmente muy simple. No se necesita ser un economista brillante para darse cuenta. Sólo debemos estar conscientes que tanto nosotros como todo lo que hacemos, incluyendo la economía, debe seguir las leyes del sistema universal, llamado Naturaleza. Es decir, alcanzar una perfecta unidad, donde el trabajo de cada individuo beneficia a la totalidad.

El cabalista, Rabí Yehuda Ashlag (Baal HaSulam), escribe en su artículo "Construyendo la Sociedad del Futuro" que **"...cada miembro está obligado por Naturaleza a cubrir sus necesidades básicas a través de la sociedad, y también a beneficiar a la sociedad con su propio trabajo"**.

Los sistemas artificiales que hemos establecido en la sociedad humana están en completo contraste con este principio. El núcleo de nuestro comportamiento es el ego, que pone estos sistemas en movimiento; el interés personal antes que el general, la búsqueda de bienes materiales, honor y control; incluso (o especialmente) a expensas de los demás.

Todo esto guarda una relación directa con la economía. En nuestro sistema económico basado en el ego, el interés personal de los capitalistas y de los accionistas es la prioridad máxima de las compañías. Incluso cuando ayudan a la comunidad, uno no puede evitar preguntarse si solamente buscan hacerse publicidad y engrandecer su reputación en los medios.

Globalización + Ego = Callejón sin salida

Luego de miles de años de desarrollo egoísta nos encontramos arrinconados en una esquina: cuanto más intentamos beneficiarnos el uno del otro, más descubrimos nuestra interdependencia.

La mínima fluctuación en un mercado local puede provocar una turbulencia en el mercado mundial. La globalización ha provocado una fragilidad tal en nuestro planeta, que la mínima fisura puede hacerlo tambalear y caer. Sucesos locales tales como la crisis hipotecaria en EEUU, un desastre natural, un atentado terrorista, afectan directamente los precios de las mercancías internacionales y amenazan la estabilidad de la economía mundial.

EL CAMINO DE SALIDA

> "Y lo maravilloso de ello es que la Naturaleza, cual hábil juez, nos castiga de acuerdo a nuestro desarrollo, pues como ven nuestros ojos, cuanto más se desarrolla la humanidad, tanto mayores son los dolores y sufrimientos por conseguir nuestro sustento".
>
> *Rabí Yehuda Ashlag, "La Paz"*

La Cabalá enseña que la humanidad está atravesando dos procesos paralelos: Por un lado, se nos está empujando a unirnos y a trabajar como un solo cuerpo. Por el otro, el egoísmo humano está creciendo constantemente.

De una forma u otra la humanidad deberá dar un giro a su egoísmo y trabajar como un solo cuerpo. Pero en vez de tener que sufrir golpes que nos obliguen a llevar a cabo este cambio, los cabalistas sugieren que seamos nosotros mismos los que nos dominemos y tomemos el control del proceso.

Al aprender acerca de este sistema general y sus principios, entenderemos qué cambios implementar en nuestros sistemas sociales a fin de balancearlos con la Naturaleza, y prosperar en todos los ámbitos de nuestras vidas, incluyendo en el económico. Afortunadamente ya poseemos la ciencia que explica el plan de fondo de la Naturaleza: La sabiduría de la Cabalá.

❦

4

Títeres accionados por hilos

Claramente, la muerte de Sadam Hussein no va a detener la violencia. Para el mundo en general, él era un tirano cruel. Para los cabalistas, tan solo un títere accionado por hilos, cuya muerte podría marcar el amanecer de una nueva era.

Desde que estalló el conflicto en Irak, más de tres mil soldados estadounidenses han perecido, y la cifra sigue aumentando. Cientos de miles de civiles iraquíes han sucumbido a manos de sus conciudadanos. Irak es un reflejo desolador del estado actual en que se encuentra el mundo.

Según el cabalista Rabí Yehuda Ashlag, esto es tan sólo el principio. Escribió que si la humanidad no cambia su rumbo, podría ser arrastrada a una tercera y hasta una cuarta guerra mundial y aquellos que queden, de todas maneras tendrían que hacer el cambio que se requiere que nosotros hagamos hoy.

No es una cuestión de buenas o malas decisiones políticas, ni de un líder en particular que esté llevando al mundo a su perdición. Existe una razón por la que todo esto está ocurriendo y cuanto más pronto lo comprendamos, más rápido lograremos remediar la situación. Tal como lo expresa el Rey Salomón, no está en manos de los gobernantes determinar el curso que sigue el mundo; está en manos de la fuerza que lo ha creado y lo guía. Es por eso que está escrito, "**A ti se te ha mostrado para que supieras que el Señor, Él es Dios; no hay nadie más que Él**". (Deuteronomio 4:35).

El cabalista Rabí Ashlag explicó que, "**No hay nadie más aparte de Él**" significa que todo lo que experimentamos, bueno y malo, amigos o enemigos, son todos Sus mensajeros, sin excepción. Y si ésta es la manera en que los enfocamos, descubriremos al Creador a través de nuestra relación con ello.

"El corazón del rey es como un río; sigue el curso que el Señor le ha trazado".

(Proverbios 21:1)

Hacia el final de sus días, Ashlag escribió una serie de ensayos en los que describe el curso de acontecimientos que se desencadenarían en el proceso del logro espiritual de la humanidad. Al tiempo que afirmó que estos eventos serían obligatorios, enfatizó que podría ser que se desarrollaran, ya sea internamente (dentro del reino espiritual de cada persona), o fuera de nosotros (en el mundo físico).

En esos escritos, el Rabí Ashlag explica que el ego humano continuamente se desarrolla en cantidad y calidad. Queremos tener más dinero, más poder, más sexo, más de todo. Pero en la cumbre del egoísmo desearemos saber cómo controlar el mundo entero, cómo funciona todo y gobernarlo. En suma, anhelaremos ser como una deidad.

La Cabalá, y prácticamente todos los textos espirituales, nos explican que el Creador es bueno, y por lo tanto, desea hacer el bien a todos nosotros, Sus creaciones. Y puesto que no hay nada mejor que el Creador Mismo en toda la realidad, Él desea darnos todo de Sí Mismo; es decir, Su conocimiento y Su poder. El Creador nos ayuda a llevar esto a cabo, en la "escuela" de este mundo, mediante pruebas que tenemos que superar y es por eso que el ego humano se desarrolla continuamente: cuanto más grande el egoísmo, más se intensifica la prueba. Así vamos progresando en la espiritualidad: tratando de construir un mejor mundo y sociedad. A medida que voy aprobando los exámenes, me voy convirtiendo en el "titular" de cada grado; es decir, logro verlo des-

de el punto de vista del Creador, habiendo alcanzado Su conocimiento y poder, y por lo tanto, en ese nivel **ya no soy más un títere accionado por hilos**.

Las atrocidades de nuestro mundo son un reflejo de nuestro inflado e indómito ego. Pero estas penosas experiencias no tienen por qué aparecer bajo la forma de tiranos, desastres naturales, terrorismo o pandemias globales. Si canalizamos nuestros egos en la dirección correcta en el momento que brotan, no tendrán por qué manifestarse de maneras tan negativas.

El ego humano sólo apunta a cualidades de nuestra alma que (aún) no son similares a las del Creador. En un principio, las sentimos como pequeños inconvenientes, como ligeros dolores de cabeza. A medida que el ego crece y la diferencia con el Creador se acentúa, el dolor de cabeza se convierte en "migraña". Pero, si trabajamos dentro de nosotros, mientras es una pequeña jaqueca, ésta no tendrá que convertirse en una migraña, por lo que evitaremos la necesidad de hacer frente a las tragedias colosales. Percibiremos la vida y nuestras relaciones con los demás, como una secuencia de revelaciones, infinitas posibilidades de parecernos al Creador. Por consiguiente, sentiremos amor por los demás en lugar de odio, y la escuela rigurosa se convertirá en un alegre jardín de juegos.

Para que esto ocurra necesitamos un sistema de enseñanza. La Cabalá afirma que si *no hay nada aparte de Él*, entonces es Él que ha puesto el ego dentro de nosotros y que tuvo que haber tenido una razón. En lugar de tratar inútilmente de suprimir el creciente ego, la Cabalá ha

desarrollado libros de estudio que nos muestran cómo ca-
nalizarlo, tal como lo hace el Creador con los corazones
de los reyes, trazándoles el camino como si fueran ríos.

Esta es la gran revelación que la Cabalá ofrece al mundo: en lugar de ir aniquilándonos unos a otros, aprendamos *todos* a ser omniscientes, poderosos y semejantes a
Dios. De ser así, ¡ganaremos todos!

℘∝

5

¿DE QUIÉN ES ESTA VIDA?

Salvar nuestro planeta se ha convertido en un punto clave en la agenda global. Pero para evitar continuar con la destrucción de la tierra, primero debemos hacernos una pregunta más profunda. ¿Para qué nos fue dada la vida?

Millones de personas mueren de hambre en los países del Tercer Mundo y miles de millones más no tienen suficiente comida, o al menos, agua potable. Sus vidas son mucho más difíciles que las de los habitantes de las naciones occidentales, por lo que en muchos casos es un verdadero prodigio que puedan salir adelante.

En los países occidentales, las personas no sufren de estos males. Por regla general están saludables, económicamente estables y con un futuro casi asegurado. Pero ellos tienen sus propios problemas, empezando por la depresión. A pesar del elevado nivel de vida, la depresión es la enfermedad que con mayor rapidez se extiende en el Primer Mundo.

De acuerdo a un boletín oficial del Instituto Nacional de Salud Mental (NIMH) de Estados Unidos, "Los desórdenes depresivos provocan que una persona se sienta exhausta, sin valor, indefensa, y desesperada. Estos pensamientos y sentimientos negativos traen como consecuencia que la gente quiera rendirse". De hecho, los preocupantes índices de suicidios en el mundo occidental son la prueba de que más y más personas están dándose por vencidas, pese a que aparentemente lo tengan todo.

Si comparáramos las vidas de los habitantes del Primer Mundo con las de aquellos que viven en los países en vías de desarrollo, esperaríamos lo contrario: que quienes viven en el Occidente tratarían de sacar el mayor provecho de las oportunidades que se les brindan, mientras que los de los países más pobres estarían sumidos en la desesperación. ¿No es extraño que una vez que lo tenemos todo, lo tiremos por la borda, incluyendo nuestras vidas?

¿De quién es mi vida?

Para comprender esta aparente paradoja necesitamos tener una perspectiva más amplia. El hecho es que hoy en día, todos somos interdependientes. Para salvar nuestras vidas y las de los niños es indispensable cooperar. Sin embargo, no tendremos el deseo de cooperar a menos que sepamos para qué. Necesitamos comprender la razón de nuestra existencia, el significado de nuestras vidas, y de este conocimiento extraer la motivación para realizar acciones globales positivas.

Según la sabiduría de la Cabalá, nuestra interdependencia proviene del concepto de "unicidad", del hecho que no sólo somos interdependientes sino que todos conformamos una entidad. Nuestros rostros pueden parecer distintos, pero bajo la piel somos muy parecidos. Si no fuéramos tan similares, la medicina moderna no hubiera podido existir.

Entre más penetramos en la materia, más semejantes se hacen los elementos. Así, si se analizan las partículas que constituyen cada átomo, se encontrarán sólo dos elementos básicos, el núcleo y los electrones que lo rodean. Los fundamentos más básicos de toda forma de vida son los mismos. Y no sólo son los mismos, sino que constantemente intercambian sus elementos, los electrones, por lo que los físicos contemporáneos dicen que en el nivel más fundamental de la naturaleza, todos somos literalmente uno. Si comprendemos eso, veremos que entender el significado de nuestras vidas así como lograr bienestar, no es tanto una cuestión de lo que hago para mí mismo, sino qué tanto interactúo *con el resto del mundo y para toda la humanidad.*

EL SIGNIFICADO DE LA VIDA

El concepto de unicidad fue descubierto por los antiguos cabalistas hace unos cinco mil años, pero es hoy en día un hecho científicamente comprobado. Este concepto nos dice que el propósito de la vida no es una cuestión personal, sino una percepción "panorámica", amplia, de todo lo que existe. Según la sabiduría de la Cabalá sólo cuando nos trascendemos a nosotros mismos, a nuestros egos, podemos entender el significado de la vida, porque entonces vemos el "cuadro completo"; es decir, el lugar que ocupamos en el marco total de la Creación. Es sólo entonces que comprendemos por qué nacemos y lo que tenemos que hacer en esta vida.

Para discernir el significado de la vida, tenemos que lograr tal sensación del universo que no habrá diferencia entre la vida y la muerte, y la existencia como entidades físicas o espirituales. Si pudiéramos vivir libremente en todas las dimensiones, terrenales y espirituales, y no tan sólo en nuestra presente percepción, sabríamos que verdaderamente somos eternos.

En tal estado mental, la vida de uno se hace tan importante como la del otro. No puede existir animosidad entre la gente, porque somos uno solo. La rivalidad sería comparable a un riñón intentando dominar al hígado. En tal estado de existencia cada persona logra semejanza con Dios, llegando a ser totalmente responsable de la realidad completa y totalmente consciente de todo lo que ocurre dentro de ella, en cualquier lugar y en cualquier momento.

De hecho, la Cabalá nos dice que el significado de la vida radica en su propósito –que todas las creaciones sean como Dios– eternas, omnipotentes y omniscientes. Los cabalistas le llaman "equivalencia de forma" y todos nosotros podemos lograrla a través de la sabiduría de la Cabalá.

TIENES UN NUEVO CORREO

Podemos comunicarnos mediante códigos como hacen los jóvenes en los chats, permanecer anónimos tras la pantalla de un ordenador y bajo un seudo nombre, pero no para siempre. Tarde o temprano, tendremos que despojarnos de las máscaras y alojar al prójimo en nuestros corazones, no en nuestras salas de encuentro.

Hoy en día, la juventud no necesita extensas cartas, colocadas dentro de sobres con sellos. Éstas han sido reemplazadas por la pantalla y el teclado, o el teléfono celular.

Desde temprana edad, los niños aprenden a utilizar software de mensajería instantánea como Yahoo, MSN, ICQ o Skype. Son aplicaciones existentes de libre disposición, fáciles y rápidas. El Internet les permite traspasar las barreras del tiempo y el espacio, permitiéndoles el acceso a cualquier parte del planeta, aunque confinados a sus ordenadores personales o teléfonos móviles. Esto les convierte de hecho en personas pragmáticas, pero alejadas, como la tecnología que usan.

Sin embargo ¿Son las comunicaciones en línea las que nos alienan, o es nuestra alienación la que nos motiva a desarrollar este tipo de comunicaciones? ¿Qué pasará con una generación que no conoce otra manera de relacionarse que no sea a través de cables o tecnología inalámbrica?

TODO ESTÁ CONECTADO

Cuando niño, jamás soñé que dispositivos que veíamos en la ciencia ficción llegaran a ser herramientas de uso diario en edades tempranas. De pequeños, si queríamos jugar con los amigos, usábamos una antigua herramienta llamada "pies". Caminábamos hasta sus casas para hablarles. Por formalismo, generalmente eran las madres de mis amigos con quienes yo debía conversar primero.

Hoy en día, podemos enviar mensajes a nuestros amigos instantáneamente usando los teléfonos móviles. Y por supuesto, ya no hay necesidad de pedir permiso a nadie para hacerlo. Los jóvenes hablan con sus amigos principalmente por SMS, substituyendo las palabras por acrónimos, y los sentimientos por emoticones. Parecería que incluso las relaciones se han convertido en algo virtual para nuestros hijos.

CONECTADOS DESPUÉS DE TODO

Para entender la esencia de la conexión entre los seres humanos, debemos conocer su raíz. Según la Cabalá, esta raíz mora en un sitio en el que el tiempo y el lugar no existen. Los cabalistas nos dicen que en ese sitio, todos estamos conectados, somos una sola alma, denominada "el alma de *Adam ha Rishón* (el primer hombre)". Esta alma es como un organismo constituido por millones de células que se relacionan en estrecha colaboración. En algún punto de su evolución, las partes (células) perdieron la noción de su conectividad, y el alma se fragmentó en una multitud de trozos separados.

Esta separación desencadenó alienación y odio entre nosotros, y desde entonces, hemos estado buscado inconscientemente sustitutos para este sentimiento de plenitud que una vez compartimos. En realidad, todos los sistemas sociales que como seres humanos hemos creado a través de la historia, persiguen un solo propósito: restaurar nuestra conexión y reciprocidad perdidas.

Un elemento clave en nuestra desvinculación es el ego. Éste no solamente provocó la fragmentación, sino que desde entonces ha venido incrementando nuestra separación. Por un lado, el ego nos hace querer utilizar a los demás, haciéndonos así dependientes de ellos para satisfacer nuestras necesidades, como con la globalización. Pero por el otro, provoca que deseemos encontrar otras formas de satisfacernos, dejar de ser dependientes de otros, y que las demás personas simplemente desaparezcan.

No aceptamos fácilmente la realidad de que estamos conectados y que no podemos hacer nada para cambiarlo. Este "compañerismo" nos molesta y atribula, y de aquí nuestra resistencia y negativa a reconocer el hecho de la conexión. Los medios que usamos hoy día para comunicarnos, reflejan claramente nuestra alienación, así como nuestra conectividad.

Por una parte, queremos compartir con todos, y por otra, permanecer anónimos y seguros detrás de nuestra pantalla de la computadora. Si no las utilizamos con la intención correcta, las comunicaciones modernas nos impulsan al aislamiento en lugar de unirnos, aunque estemos técnicamente conectados.

Cuanto más crece nuestro aislamiento, más sentimos la necesidad de una conexión real. Pero ésta no puede lograrse a través de teléfonos, ordenadores o cualquier otro dispositivo. Debe ser cultivada en la interioridad de nuestros corazones. Tarde o temprano, aunque probablemente temprano, descubriremos que necesitamos enriquecer nuestra plataforma de comunicación con sentimientos y pensamientos más que con mensajes textuales. Al hacerlo, volveremos a descubrir la íntima unión que una vez poseímos en el alma de *Adam ha Rishón*, y restauraremos los vínculos naturales, directos y saludables entre nosotros.

Cabalá, conectando a las personas

El alma de *Adam ha Rishón* no tuvo la intención de permanecer hecha añicos. Una vez que sus fragmentos (nosotros) sean conscientes de que estamos separados, conocerán que esta es la razón del sufrimiento y se esforzarán en reconectarse nuevamente. Según la Cabalá, esta etapa de reunificación comenzó en 1995.

Las crisis globales existentes son los primeros síntomas de nuestra interdependencia. Pero en realidad, no deberían agobiarnos, sino, motivarnos a ayudarnos mutuamente, y no considerarlas dificultades, sino una oportunidad para reforzar nuestros vínculos.

Cuando restablezcamos nuestro enlace, sentiremos la unidad, la colectividad del alma de *Adam*; percibiremos nuestra existencia -actualmente limitada por nuestra estrecha percepción- como inclusiva, eterna, más allá de eones y universos. Además, experimentaremos la bendición de una ilimitada libertad. Hasta entonces, continuaremos ocultándonos tras nuestros monitores, considerando que estamos a salvo mediante nuestro anonimato. La siguiente fase consistirá en quitarnos nuestras máscaras y verdaderamente unirnos en nuestros corazones.

Y mientras tanto, tienes un nuevo correo...

7

Ansia de libertad

¿Alguna vez te has preguntado por qué te gusta tanto escapar de vacaciones? ¿Qué es lo que buscas encontrar en otro lugar que no encuentras en tu propia casa? La Cabalá nos explica que lo que estamos buscando está frente a nosotros, o más bien, dentro de nosotros.

Buscando un destino de vacaciones

Libertad de expresión, de creencia religiosa, de información, libertad para opinar, publicar, crear, libertad académica, económica, tiempo libre... Parece que en el siglo 21 cada uno tiene la posibilidad de crear su propio *tipo* de libertad.

Sin embargo ¿Existe la libertad absoluta e incondicional? ¿No de algo, sino una libertad simple, ilimitada, total?

La Cabalá afirma que sí, pero que es muy diferente a lo que usualmente imaginamos. Para la mayoría, la libertad significa escapar de las responsabilidades laborales y de los problemas cotidianos. Olvidarnos de las preocupaciones, las presiones, el jefe y nuestras cuentas sobregiradas. Buscamos un pequeño escape de la vida para poder recuperar el aliento.

Trabajamos duro todo el año y ahorramos, para tener finalmente unos cuantos momentos de piedad en una playa arenosa. Y como sabemos, estando de vacaciones, las cosas no siempre salen como quisiéramos, ya sea por el hotel o el vuelo, los niños que justo deciden que es el momento perfecto para enfermarse. Por una u otra razón, la mayoría de las vacaciones no terminan siendo el sueño esperado.

Aún si tenemos suerte y éstas nos resultan perfectas, cada momento que pasa nos recuerda que se acabarán pronto y tendremos que reconectarnos con "la vida real".

Entonces, ¿somos realmente más libres al escapar de la rutina diaria?, ¿qué pasaría si hubiese una forma diferente de vivir para no querer escapar en búsqueda de la libertad? ¿Existen las vacaciones perfectas e interminables? De hecho las hay. Pero a fin de encontrar este lugar, debemos dejar de buscarlo dentro del marco de este mundo.

La libertad está más allá de este mundo

La sabiduría de la Cabalá explica que en nuestro mundo, las personas son todo excepto libres. No elegimos la familia, talentos naturales, ni cualidades. Cuando niños fuimos constantemente influenciados por nuestros padres y profesores.

Al crecer, la sociedad y los medios de comunicación nos dictan prácticamente todo: qué vestir, qué ser, hacia qué aspirar, cómo pensar, qué comer, y a quién amar. Lo que es hermoso o feo, correcto o incorrecto, buenos modales, formas de hablar y comportarnos.

Naturalmente, no es fácil aceptar la idea que no hay libertad en nuestro mundo. Pero, una vez que nos percatemos de esto, empezaremos a preguntarnos cuál es el propósito de todo esto, y entonces, la Cabalá explica, estaremos en camino hacia la verdadera libertad.

Los cabalistas nos dicen que la respuesta a la pregunta, "Cuál es el propósito de la vida" tiene la llave a nuestra libertad. Todos nos hemos hecho esta pregunta al menos una vez: ¿Por qué estamos aquí? ¿De dónde venimos? ¿Hay un propósito de nuestras experiencias personales y globales? ¿Hacia dónde vamos?

La sociedad hace que sintamos conveniente ignorar esas preguntas. Es socialmente mejor visto ser arrastrado por la marea de la vida que preguntarse el significado de ella. Por lo tanto, cuando surgen esas interrogantes, evitamos tratar de darles una respuesta verdadera.

"...si dejamos que nuestro corazón responda una sola pregunta famosa... Ésta se hace por todos los seres del mundo: **¿Cuál es el propósito de mi vida?"**

"...tanto más en nuestra generación, donde nadie quiere ni siquiera pensar en ello. Sin embargo, la pregunta en sí permanece amarga y vehemente, pues una y otra vez se presenta imprevista, picoteando nuestra mente, derribándonos al suelo antes que logremos encontrar la familiar táctica: flotar sin sentido por las mareas de la vida, como el día anterior".

Rabí Yehuda Ashlag, *"Introducción al Estudio de las Diez Sefirot"*

Hasta la extravagante industria del entretenimiento nace de nuestros intentos de escapar la búsqueda del significado de la vida. Realizamos innumerables actividades, recibimos toneladas de información innecesaria, vemos fijamente la televisión durante horas, navegamos por Internet, vemos películas, vamos a Disneyland, y ¿qué no?, cualquier cosa para mantenernos distraídos. La mera idea de estar sin distracciones nos espanta.

La Cabalá explica que estamos, de hecho, reprimiendo la pregunta que justamente nos lleva a la libertad que tanto queremos. En vez de tratar de escapar de nuestras vidas, podemos transformarlas en una experiencia totalmente diferente, en una permanente y perfecta vacación, donde el placer que sentimos sólo se incrementa.

¿Te parece que esto es algo que no existe en nuestro mundo? Tienes toda la razón, no existe acá, pero sí existe en otro lugar. La Cabalá explica dónde y cómo llegar allí.

¿Cómo llegamos allí?

Se empieza con una simple decisión: dejar de huir. De hecho, cuestionar el significado de la vida es el principio de nuestra conexión con la fuente de la felicidad, el Creador. En otras palabras, responder a esta interrogante y conectarnos con el Creador son sinónimos.

Los cabalistas explican que alcanzar esta conexión con el Creador es un proceso gradual que se lleva a cabo en nuestro interior. De modo que para llegar a la libertad no es necesario escalar montañas, viajar al otro extremo del mundo o tratar de escapar de nuestra vida diaria.

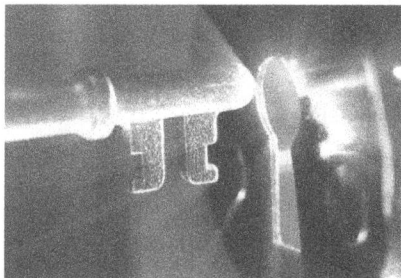

Simplemente dejar que esta interrogante interior despierte y nos guíe. Entonces, el sendero hacia la perfección se abrirá frente a nosotros y estaremos en camino hacia la verdadera y eterna libertad.

IV

Cabalá
y
Ciencia

Un cabalista, un genetista, y el sentido de la vida

PRIMERA PARTE

Si cree que la generosidad tiene su origen en la buena voluntad y en la preocupación por los demás, piénselo de nuevo. Recientes investigaciones genéticas demuestran que puede ser sólo una cuestión de los genes. Según la Cabalá, sin embargo, esto no es ninguna novedad.

El periódico de investigación *Genes, Brain and Behavior* (En español, *Genes, Cerebro y Comportamiento*) recientemente publicó los resultados de un estudio efectuado por la Universidad Hebrea de Jerusalén, donde muestra que las personas con un conjunto de genes específico poseen un 50% más de predisposición a ser generosos con su dinero.

Junto al científico que encabezaba este equipo de investigación, el profesor Richard P. Ebstein, discutimos los nuevos descubrimientos y sus implicaciones. El Dr. Ebstein[1] sostiene que nuestros genes son parcialmente responsables de todo nuestro comportamiento. ¿Por qué parcialmente? Porque lo que no está determinado por nuestros genes, lo está por la influencia de la sociedad. Esto explica científicamente lo que la Cabalá afirma desde hace mucho tiempo.

A continuación, fragmentos de nuestra conversación, donde se manifiesta por qué para la Cabalá los recientes descubrimientos científicos no son motivo de sorpresa.

RE: Comenzamos a investigar genes específicos para ver si influyen en el altruismo, utilizando un juego sencillo para hacerlo: a una persona se le dio un sobre con dinero. Podía quedarse con todo el dinero o dar una parte a otra persona, sin saber nada acerca de ella, si lo necesitaba, si era un millonario o un indigente.

Cuando presenté este paradigma, me dijeron: "Vamos, ¿qué clase de tonto renunciaría a alguna parte del dinero? Cualquiera tomaría todo el dinero y se iría a su casa. ¿Cuál es la motivación para regalarlo?"

Resulta que sólo el 20% de la gente tomó todo el dinero, y casi la tercera parte de las personas le entregó la mitad a alguien más, sin saber si esa otra persona realmente lo necesitaba.

---

1   El Dr. Richard P. Ebstein es director del Centro Scheinfeld de Genética Humana para las Ciencias Sociales, Universidad Hebrea. Dirige el Laboratorio de Investigaciones del Hospital Memorial Herzog, Jerusalén, Israel. Descubridor del gen de la "búsqueda de la novedad" (novelty-seeking).

ML: Entonces, ¿cuál era su motivación para hacerlo?

RE: Esto no nos queda claro. Los economistas lo llaman altruismo.

ML: Bueno, sobre este punto la Cabalá está en desacuerdo. La Cabalá sostiene que estamos todos hechos de una sustancia egoísta, y que los "altruistas" son, de hecho, también egoístas. Simplemente tienen una motivación diferente, ya que no puede existir ninguna acción sin una motivación.

Si yo le entrego algo a alguien, debo tener el "combustible" o energía, la fuerza motriz para llevarlo a cabo. Para poder realizar una acción debo "justificarla". Mi cuerpo o mi "yo" debe saber que se beneficiará de tal acción. Yo me puedo beneficiar al tomar algo o al dar algo. Cualquiera de los casos es, internamente, un acto de recibir. Sin embargo, puede que visto desde afuera parezca altruista.

RE: Algunos probablemente digan que incluso si una persona le da dinero a otra, recibe algún tipo de recompensa. Al menos en su cerebro así lo concibe, y ésta es la motivación para hacerlo. Así es que la persona no lo habría hecho sin que se le diera esta recompensa. En términos de las ciencias del cerebro, la recompensa es una sustancia química que es liberada. En ese sentido, usted está en lo correcto. No hay altruismo sin recibir alguna retribución, de lo contrario, la persona no estaría motivada a hacer nada.

ML: Así es que existe una especie de mecanismo dentro de cada persona por medio del cual se libera una sustancia química que le provoca placer, y por esto ella es capaz de dar algo, y sucede en diferente medida. En unos más y en otros menos. Pero está predeterminado dentro de la persona, por lo que no existen "egoístas" ni "altruistas" aquí, sino que todo está determinado de acuerdo al desarrollo natural de cada uno. Es como uno nació.

RE: Correcto, pero los genes no determinan el 100% de la acción. La mayoría de las personas hoy día reconocen que la influencia de la sociedad también juega un rol importante.

ML: ¿De qué manera?

RE: Es mucho más fácil caracterizar genes que comprender y explicar la influencia de la sociedad y cómo precisamente una persona fue influenciada desde su nacimiento. Pero los investigadores están estudiando este tema.

Por ejemplo, hoy sabemos que existe un gen responsable de los impulsos violentos, y puede parcialmente explicar por qué una persona podría ser un criminal. Los investigadores han descubierto que el efecto de este gen depende de la exposición a la violencia que haya tenido esa persona durante su infancia. Es decir, el gen puede volverlo violento sólo si usted ha experimentado violencia cuando era un niño. Pero sin la influencia social, el gen se mantiene neutro.

ML: Entonces debe existir algo más que haga realidad esta inclinación que desde un principio existe sólo potencialmente...

RE: Sí, una combinación de nuestra educación, los padres, la escuela y la sociedad determinan nuestras acciones. Pero los genes también son muy importantes: son responsables en un 50% de las cosas que hacemos. Por eso nosotros decimos que lo traemos "de fábrica".

UN CABALISTA, UN GENETISTA, Y EL SENTIDO DE LA VIDA

SEGUNDA PARTE

Si los genes tienen una influencia tan determinante sobre nuestras vidas, ¿hasta qué punto somos libres? La ciencia y la Cabalá se fusionan para darnos la respuesta.

En un artículo reciente de la revista Time, titulado "¿Está nuestra felicidad predeterminada?", se cita un nuevo estudio realizado por expertos en genética de la Universidad de Edimburgo. La conclusión a la que llegaron es que los genes determinan en un 50% los niveles de felicidad de las personas.

Para seguir profundizando en un tema tan apasionante, presento la continuación de mi plática con el genetista, Prof. Richard Ebstein, encuentro que puso de manifiesto nuevamente las coincidencias entre el enfoque científico sobre el ser humano y la Cabalá.

ML: Considerando todo lo que está sucediendo en el mundo hoy día y todo lo que hemos conversado, ¿acaso puede todo esto despertarnos cierta esperanza sobre el mejoramiento del hombre, volviéndolo más altruista con el fin de beneficiar a la sociedad? Quizás podamos utilizar estas influencias externas para provocar que aparezcan genes altruistas y volverlos más activos. ¿Es esto posible?

RE: A decir verdad, mi opinión personal es que la genética no puede ayudar en este campo, a pesar de que yo mismo soy un genetista. Creo que la manera más efectiva de modificar el comportamiento de una persona es a través de la educación y de la sociedad.

ML: La Cabalá sostiene que debemos desvelar el proceso general que está atravesando la humanidad: que el ego del ser humano aumenta constantemente de una generación a la siguiente, y en estos momentos está alcanzando dimensiones que implican un peligro real para la humanidad. Tal como estamos percibiendo últimamente nuestra terrible influencia sobre el medio ambiente.

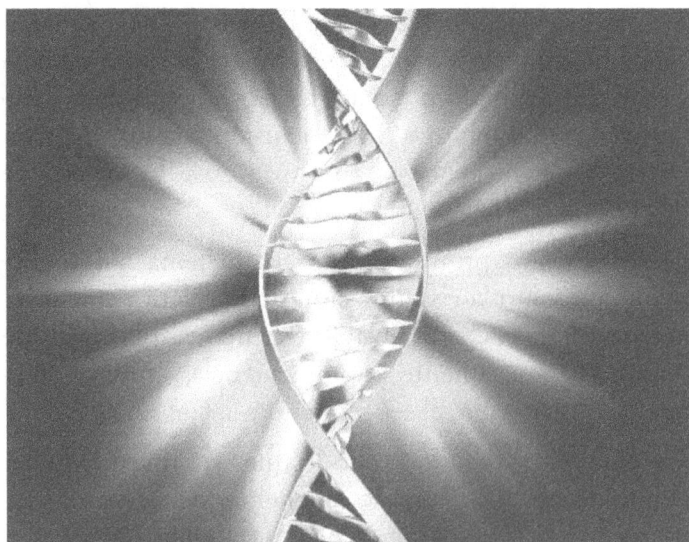

Si este proceso se nos hiciera evidente, entonces la sociedad empezaría a recibir este mensaje a través de los medios, influyendo a cada uno de nosotros de forma personal. Porque, naturalmente, lo que la sociedad acepta como un estándar, es aceptado también por el individuo. Sólo debemos explicar la causalidad de las cosas y su propósito. Por qué la Naturaleza está organizada de la manera en que lo está y hacia dónde nos lleva.

Pregunta Oren Levi,
reportero del periódico *Kabbalah Today*.

OL: Si los genes determinan el comportamiento, ¿queda entonces algún lugar para el libre albedrío?

RE: Una vez me preguntaron en una entrevista radial de la BBC si la "coartada del gen" sería aceptada en una corte judicial. La respuesta es negativa. No la aceptarían. Pero si me pregunta a mí, personalmente, si una persona nacida con "genes malos", por ejemplo, con un padre alcohólico, una historia de violencia familiar, y que luego asesinó a alguien de una puñalada en un incidente en un bar cuando tenía 25 años... ¿sería culpable esta persona?

En cierta forma, por lo que yo entiendo de la genética, la sociología y la antropología, tendría que decir que este hombre no tenía demasiada alternativa o elección. Quizás en el último momento él podría haber decidido no haber sacado el cuchillo y asesinado a su víctima, ¡pero piense en todo su mundo...! Su mundo entero estaba transcurriendo en una dirección equivocada. Todas las cartas estaban jugadas en su contra. El homicidio había sido concebido desde muy temprano en su vida. Por otro lado, la sociedad no puede perdonar esto.

OL: Antes usted mencionó que lo que una persona hace está predeterminado en un 50% por sus genes. ¿Qué hay del otro 50%?

RE: Eso surge de la sociedad, de la educación que uno recibe de sus padres o de su escuela.

OL: Así que esto suma el 100%: 50 % genes y 50 % sociedad. Entonces, ¿dónde me encuentro "yo"? ¿Qué queda entonces de la persona misma?

RE: Esa es la pregunta.

OL: ¿Y qué dice el Dr. Laitman al respecto, desde el punto de vista de la Cabalá?

ML: Qué puedo decir al respecto: no hay libre albedrío. El punto del libre albedrío no puede encontrarse aquí. La sabiduría de la Cabalá explica que no hay libre albedrío en nuestro mundo. Nosotros no nos encontramos libres aquí. Como individuos no elegimos nada de lo que recibimos al momento de nacer, incluyendo nuestro entorno, nuestra familia, nuestra escuela, o cualquier otra cosa de nuestra vida. Y cuando crecemos, digamos que a los 20 años, no poseemos nada que nos pertenezca realmente a nosotros mismos. Todo nos fue impuesto de una u otra manera. Así que "este adulto" no es realmente "yo", propiamente hablando, ya que aún no podemos hablar de que haya un "yo".

Y cuando comenzamos a dirigir nuestras vidas de acuerdo a los medios y a la sociedad que nos influencia, jamás llegamos a expresar nuestro "yo". Podemos incluso no llegar siquiera a sentir jamás que poseemos el potencial para trascender este tipo de existencia.

La Cabalá explica que una persona siente su "yo" a través de una necesidad interior que lo urge a revelar su Divinidad, a trascender su naturaleza humana y a descubrir el mundo espiritual y la Fuerza Superior. Allí es donde encontramos el libre albedrío. Pero en nuestro mundo, ciertamente, no existe libre albedrío alguno.

UN CABALISTA, UN GENETISTA, Y EL SENTIDO DE LA VIDA

TERCERA PARTE

Investigaciones recientes indican que el grado de evolución genética del ser humano ha sido mucho mayor en los últimos milenios que durante los millones de años que precedieron. Pero, ¿realmente estamos mejor? La interrogante que surge es si esta evolución nos ha traído también un mayor desarrollo espiritual.

Un estudio a gran escala realizado recientemente por científicos de la Universidad de Utah, Estados Unidos, con el propósito de identificar variaciones genéticas, reveló que la evolución humana se está acelerando.

El antropólogo Henry Harpening, co-autor de la nueva investigación, dice que las transformaciones más significativas se han producido entre los últimos 1,000 y 2,000 años. Los cambios genéticos significativos se atribuyen a la explosión demográfica mundial.

Pero de generación en generación nos hemos ido desarrollando cada vez más opuestos a la ley general de la Naturaleza: la ley de otorgamiento y amor. Y producto de esta oposición, sufrimos más, aún cuando parecemos estar rodeados de todo lo mejor en la vida. Por eso es importante que comprendamos que sólo elevándonos por encima del plano terrenal, logrando evolucionar espiritualmente, alcanzaremos la tan ansiada felicidad.

Así lo explica Baal HaSulam (Rabí Yehuda Ashlag) en su artículo "La esencia de la religión y su propósito":

"Y el que es más desarrollado que aquel, siente a su egoísmo como algo realmente aborrecible, hasta el punto, que no puede tolerarlo más dentro de sí, y lo rechaza completamente, de acuerdo a la medida detectada, hasta que no quiere ni puede disfrutar de lo que hacen para él los demás. Y entonces comienzan a surgir en él los chispazos de amor hacia los demás, llamados "altruismo", que es el atributo del bien general".

Sin embargo, para llegar a eso, Baal HaSulam nos dice en ese mismo artículo que debemos pasar por un proceso gradual hasta estar preparados para percibir la bondad del Creador, y lo expresa de la siguiente manera:

"...Dios es el bien absoluto, supervisándonos en completa benevolencia sin ninguna pizca de maldad, en una supervisión particular. Esto significa que Su guía nos fuerza a pasar por una serie de fases en forma de causa y efecto... hasta que estamos capacitados para recibir el bien deseado".

Durante mi conversación con el genetista Richard P. Ebstein, analizamos los retos que enfrenta la humanidad, en un mundo cada vez más evolucionado en el aspecto material, y por lo tanto, cada vez más egoísta. A continuación, la conclusión de nuestra plática.

Pregunta Oren Levi, reportero del periódico *Kabbalah Today*.

OL: ¿Entonces la Cabalá afirma que el hombre moderno no ha alcanzado aún el último grado en su desarrollo evolutivo?

ML: Creo que tanto el Prof. Ebstein como yo coincidimos en que aún debemos evolucionar más. El nivel humano no está en su cenit. Aún no vemos todo lo bueno que puede surgir de él.

De acuerdo a la Cabalá, el hombre debe alcanzar el nivel de la Fuerza Superior, y llegar a incluir dentro de sí mismo todas las Fuerzas Superiores de la Naturaleza. Esto quiere decir que el hombre debe llegar a alcanzar y comprender la realidad entera. Estamos hablando del desarrollo verdadero del hombre, no sólo en el plano de su entendimiento intelectual, pensamiento, investigación, etc., sino cómo el hombre evoluciona *él mismo*.

Yo espero que lleguemos a ver el momento en que los científicos independientemente comprendan que sin un cambio interior no podrán penetrar más a fondo en el estudio e investigación de la materia, de la fuerza que opera detrás, y de las múltiples leyes que le afectan. Tendrán que identificarlas de alguna manera, y es imposible hacerlo utilizando nuestras mentes egoístas y la materia. Deberemos igualarnos en atributos a la Naturaleza en vez de ser opuestos a ella. Finalmente tendremos que reconocer que la Naturaleza es altruista y que así es como creó la vida.

Podemos aprender esto observando nuestras propias células y la manera en que éstas interactúan en nuestro cuerpo. Si ellas no funcionaran en perfecta armonía, el cuerpo no existiría. Cada una de ellas cuida del resto del cuerpo y es responsable del bienestar de él. Y la Naturaleza entera funciona de la misma manera. Nosotros somos la única parte de la Naturaleza que genera un desequilibrio, y tendremos que llegar a reconocer esto y corregirnos a nosotros mismos. De esto precisamente trata la Cabalá.

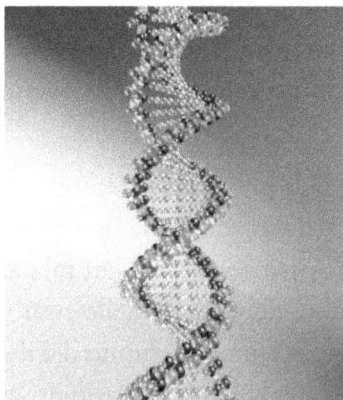

Esperemos que a través de la ciencia, realmente, lleguemos a descubrir que no tenemos ninguna posibilidad de alcanzar las verdaderas leyes de la Naturaleza a menos que cambiemos nosotros mismos.

RE: Coincido con usted. Sin embargo, no creo que la ciencia esté yendo en esa dirección. Yo creo que existe alguna especie de orgullo entre los científicos; algunos creen que pueden comprender mejor el universo con sus propias mentes y con sus propias herramientas.

ML: Pues, esperemos que podamos encontrar la salida de esta turbulencia en la cual se ha metido el mundo moderno, y que tanto del lado de la genética, como de la Cabalá todo llegue algún día a conectarse en una única Ciencia Divina.

ço~ço

LIBRE ALBEDRÍO

Extracto de Entrevista al Rav Dr. Michael Laitman
Programa: 'El Aleph' - Grupo Radio Centro, México,
Enero, 2007
Con: Emilio Betech, Dinorah Isaak, Enrique Shmelnik

EB: Hablando de nuestras vidas y hablando de todas estas situaciones que a veces luchan en contra de nosotros, usted ha hablado mucho del dolor, la función que tiene el dolor como individuo, como sociedad. Dr. Laitman, ¿por qué sentimos dolor?

ML: Porque no estamos en equilibrio con la naturaleza. En los niveles de existencia del inanimado, vegetativo y animal, la naturaleza activa la vida de manera instintiva. Al ser humano, sin embargo, la naturaleza le deja libertad, pero puesto que nosotros **no** sabemos cómo arreglarnos, terminamos sufriendo. En la medida que podamos llegar al equilibrio con la naturaleza, recibiendo y aceptando sus órdenes, realizándolas y cumpliéndolas correctamente, nos sentiremos mejor.

DI: Eso quiere decir que ¿el libre albedrío no funciona como debe, si no hay un camino espiritual?

ML: No funciona para nada. Nadie de nosotros en nuestro mundo tiene libre albedrío. Nadie de nosotros es libre.

EB: ¿No somos libres?

ML: No. ¿Tú elegiste cómo o cuándo nacer? ¿dónde y en qué familia? ¿con qué atributos?

EB: No elegí dónde nacer pero sí elegí levantarme, qué ropa ponerme, qué desayunar. Decidí venir aquí hoy...

ML: Momento, momento. No elegiste a tus padres, ni la formación, la educación que te dieron, ni los atributos con los que naciste y ahora eres grande; el producto de todo lo que te dieron, lo cual **no** habías elegido. Y hoy día, ya actúas, funcionas de acuerdo a lo que recibiste. Entonces, ¿dónde está aquí tu libre albedrío?

Y aparte, incluso la investigación biológica dice que todo lo que hacemos está influenciado por nuestros genes. Tenemos un gen que nos hace robar, un gen que nos hace beber, otros que te hacen bueno o malo, etc. Todo viene de los genes, de la Genética. Entonces ¿dónde estamos nosotros? ¿dónde está nuestra libertad? Si pudiésemos investigar y examinar a la persona en total, hubiéramos descubierto que no tiene nada libre. La libertad existe sólo bajo la condición que te eleves al plano de la información, al Mundo Superior y te conectas allí con las fuerzas que te activan.

ES: Por eso, de acuerdo con el judaísmo hay una frase que dice que "Todo está en manos del cielo, excepto el temor al cielo"; es decir, que el libre albedrío existe sólo en la medida de actuar bien o mal, porque si fuera de otra manera una persona que mata podría decir que lo hizo porque ya estaba escrito; que no fue libre al decidirlo.

ML: Es cierto.

EB: Y entonces, ¿no tiene responsabilidad una persona que asesina?

"Hay que tomar la libertad como una ley natural que se extiende hacia toda forma de vida, así como vemos morir a los animales cuando se les quita la libertad. Este es un testimonio fiel que la Supervisión General no acepta la esclavitud de ninguna criatura...

Rabí Yehuda Ashlag, "La Libertad"

ML: Pero nosotros en nuestro mundo no vemos el cuadro entero y por lo tanto tratamos a la persona como es. Pero en realidad, todo está manejado en él mediante toda clase de fuerzas. Enrique dijo correctamente que "Todo está en manos del cielo, excepto el temor al cielo", pero el temor a Dios yace precisamente en tu deseo de elevarte a ese mundo y cambiar tu destino desde allí. Esto se va a ir revelándose en los próximos años, y de hecho, ya se está descubriendo en toda clase de ciencias, el hecho de que **no somos libres**.

EB: ¿Pero tenemos que confiar y creer en la ilusión de la libertad, entonces?

ML: Sí, seguro.

DI: Estas fuerzas, ¿podemos decir que también hablan del bien y el mal o es una fuerza universal que no divide?

ML: Nuestro mundo es todo malo porque no estamos haciendo nada bueno. Todo lo que hacemos, lo hacemos para nosotros mismos; para mi propio bien.

DI: ¿De ahí, del punto del egoísmo?

ML: Sí.

DI: Lo que uno lucha para ser un ser distinto es ¿hacer los cambios que quitan el egoísmo?

> *"...Sin embargo, antes de pedir la libertad, tenemos que asegurar que tenemos la capacidad de actuar libremente, con libre elección.*
>
> Rabí Yehuda Ashlag, "La Libertad"

ML: No puede ser un ser distinto; se estaría mintiendo a sí mismo. Cuando te hago un favor, lo hago solamente para aprovecharme de ti. Lamento, pero así es. ¿Cuándo llegamos entonces a ser realmente buenos? Cuando empezamos a ver el mundo espiritual y descubrimos cuán interconectados estamos entre nosotros como las células en un cuerpo vivo. Entonces, veo que si te estoy haciendo algún daño, me lo estoy causando en realidad, a mí mismo. Solamente bajo esa condición dejo de ser malo y me convierto en bueno. O sea que es imposible llegar al bien sin ver el cuadro entero, aquella zona espiritual. Y antes de eso, todos nosotros somos malos.

DI: Sí, pero, **sí** existen muchas personas que conscientes otorgan el bien al otro... ¿sí existen?

ML: Es porque les duele el corazón y no porque quieren hacer el bien a los demás; se calman a sí mismas.

EB: ¿Sentimientos de culpa?

ML: Sí. Porque todos nosotros somos egoístas, nuestra naturaleza es totalmente egoísta. Incluso los padres con sus hijos actúan por interés propio. Los animales también...

Estoy hablando desde el punto de vista científico, investigativo. Puede ser que desde el punto de vista personal, emocional, esto no nos parezca tan atractivo, pero así somos.

Sin embargo, es **precisamente** para esto que se nos ha otorgado la Cabalá; para que al estudiarla nos elevemos por encima de nuestro carácter innato, uniéndonos con la Fuerza Superior, experimentando por consiguiente una vida llena de alegría, paz y seguridad.

3

LA UNICIDAD DEL SER HUMANO EN EL UNIVERSO

"...la Ley del Desarrollo... vertida sobre toda la realidad... desempeña todas sus funciones bajo la fuerza del Gobierno Superior, es decir, sin preguntarles a los seres humanos, habitantes de la Tierra. Y a la vez, implantó el Señor en el ser humano, intelecto y autoridad, permitiéndole asumir esta Ley de Desarrollo, bajo su propio dominio... y está en sus manos acelerar... el proceso de desarrollo por propia voluntad, de manera libre y totalmente independiente de las cadenas del tiempo".

Rabí Yehudá Ashlag, "Paz en el Mundo"

Miles de científicos, a juzgar por los últimos informes del Panel Intergubernamental para el Cambio del Clima, establecen que debemos detener nuestro antagonismo con la Naturaleza, como hemos estado haciéndolo en los últimos siglos, y empezar a trabajar en armonía con ella. Explican que la Naturaleza sabe cómo y cuándo actuar. Si tan solo nos quitáramos de en medio, las cosas se resolverían. De forma similar a como el cuerpo tiene su sistema inmunológico, la Naturaleza tiene mecanismos que mantienen el equilibrio.

De forma similar, los cabalistas establecen que las células en el organismo se encuentran unidas con el fin de sostener al organismo en su totalidad. Cada célula en el cuerpo recibe lo que necesita para su mantenimiento, e invierte el resto de su energía en el resto del cuerpo. En cada nivel de la Naturaleza, el individuo trabaja para beneficio del colectivo del que forma parte, y en el que a la vez, encuentra su plenitud. Sin actividades altruistas, el cuerpo no puede subsistir. De hecho, la vida misma no podría mantenerse.

Este balance es un equilibrio dinámico controlado por mecanismos de regulación interrelacionados, los cuales no están pensados para los elementos que lo componen, sino para el sistema en su totalidad. Imaginemos el caos en el que nos encontraríamos si cada uno de los órganos se preocupase únicamente de sí mismo, en lugar de cuidar la salud de todo el cuerpo.

En tal situación, los órganos robarían vasos sanguíneos unos a otros, impidiendo la nutrición de los órganos adyacentes y el suministro de oxígeno. Aquellos que producen anticuerpos los atacarían porque los considerarían órganos ajenos, y de esta forma, los que tuvieran defensas más poderosas acabarían con los más débiles. Pronto, muy pronto, el cuerpo perecería, claramente, al igual que esos órganos egoístas. Cuando tal proceso ocurre es llamado "cáncer".

La bióloga evolucionista Elizabeth Sahtouris, consultora de la ONU, sostiene que "Cada molécula, cada célula, cada órgano... tiene su propio interés egoísta. Cuando cada nivel del cuerpo muestra esta intención, fuerza la negociación entre todos los otros niveles. Este es el secreto de la Naturaleza. A cada instante en nuestro interior, estas negociaciones conducen a los sistemas a la armonía".

Tanto la ciencia como la Cabalá reconocen que el mayor, si no el único y verdadero problema en este mundo somos nosotros:

"Pienso que los virus informáticos deben considerarse vida. Creo que dice algo acerca de la naturaleza humana que la única forma de vida que hemos creado hasta ahora es puramente destructiva. Hemos creado la vida a nuestra imagen".

Stephen Hawking, físico y cosmólogo británico

> *"Y en palabras sencillas diremos que la naturaleza de todos y cada uno de los seres humanos es aprovecharse de todas las criaturas del mundo para su propio bien, y aún cuando uno le da algo a sus semejantes no es sólo por necesidad. Y aún entonces, hay en eso algo de explotación hacia su semejante, sólo que el hecho [explotación] se efectúa de manera muy fingida, de modo que su amigo no lo perciba".*
>
> Rabí Yehuda Ashlag, "Paz en el Mundo"

El hecho de que la Naturaleza existe y que no se destruye a sí misma a cada momento es una prueba irrefutable de que no funciona de manera egoísta, de que se coordina como un sistema, anteponiendo el bienestar general al particular. En la Cabalá, cuando las necesidades del conjunto son prioritarias a las individuales, se denomina "altruismo". En un sistema con estas características, los elementos particulares contribuyen constantemente con el sistema, sea un organismo o una sociedad humana.

Los humanos, en casi todos sus aspectos, son como las especies animales. Sin embargo, hay un aspecto en el que nos diferenciamos de la Naturaleza. Anteponemos nuestro propio interés al del conjunto. Esta es la esencia del egoísmo. No necesitamos enseñar a los animales, las plantas o las rocas cómo comportarse. Siempre lo hacen de acuerdo con la Naturaleza, de forma altruista, colocando el interés general delante del particular. Por ese motivo los animales de presa cazan únicamente para su sustento, manteniendo el delicado equilibrio del hábitat.

Pero los humanos no cazan para comer, sino para tener riqueza y explotar su entorno. El único problema con la raza humana es que, a diferencia de los animales, funciona en un "sistema operativo" egoísta en lugar de uno altruista, lo cual termina afectándonos a todos, a través de las desgracias ecológicas, entre otras. Para enmendar el rumbo y detener el desequilibrio en la homeostasis de la Naturaleza, necesitamos la instalación del mencionado "sistema operativo" altruista en lugar de uno tan fallido como el actual.

Y para encontrar el programa adecuado, necesitamos ir al "distribuidor de programas", el Creador. En Cabalá, las palabras "Dios" y "La Naturaleza" son sinónimas. De ahí su mismo valor numérico: 86. Los cabalistas han descubierto y actualizado un método que nos enseña cómo sustituir este disco duro egoísta con uno altruista, y hoy en día, cuando muchos reconocen que un drástico cambio desde lo profundo del corazón es necesario, la Cabalá es retomada como la alternativa para que la humanidad alcance la felicidad y la plenitud duraderas, en equilibrio con la Naturaleza.

❧❧

V

Educación
para
las nuevas
generaciones

DROGARLOS O EXPLICARLES

Si su niño se distrae fácilmente, es agitado, inquieto, o incluso violento, antes de probar con sustancias químicas para tratar los síntomas, intente contestar la pregunta que los causa –¿cuál es el propósito de esta vida? Los resultados le asombrarán.

Para preparar esta columna, conversé con varios profesores, psicólogos infantiles y padres. Tal parece que el déficit de atención y el trastorno de hiperactividad son cada vez más frecuentes.

Uno de los profesores me dijo que aproximadamente uno de cada cuatro estudiantes en su clase toma Ritalin regularmente. Un examen aún superficial del estado en que se encuentra la juventud de hoy revelará un problema mucho más profundo que una corta atención. Esto concierne a todo el sistema educativo, situación que ha ido desmejorando durante décadas.

CACERÍA DE PLACER

El deseo siempre ha sido la fuerza motriz que ha impulsado a la humanidad. Durante años hemos estado tratando de satisfacer nuestros deseos, pero mientras más comemos, más hambrientos parecemos ponernos, y nuestros anhelos se intensifican.

Pero, en nuestra generación es como si una cuerda oculta se hubiese roto. Cada área de la vida moderna cambia a una velocidad meteórica, y nuestro ambiente ofrece oportunidades sin precedentes. Sin embargo, nos encontramos en medio de una carrera persiguiendo objetivos fantasmas que parecen alejarse, cuanto más nos esforzamos en alcanzarlos.

Entonces, ¿qué es lo que realmente busca la juventud? Hoy, después de siglos de tentativas erróneas, la juventud busca algo más profundo, más verdadero que lo que este mundo actual ofrece, algo que pueda llenar ese vacío, su abismo interno.

El gran cabalista de nuestros tiempos, Rabí Yehuda Ashlag (Baal HaSulam), advierte este fenómeno en sus escrituras. Explica que esto sólo se expandirá, ya que este abismo es producto de nuestra necesidad de conocer *no* cómo tener una vida mejor, sino contestar una pregunta simple: ¿Para *qué* es la vida?

LA SABIDURÍA DE LA NUEVA GENERACIÓN

Según la Cabalá, cada generación nace con los deseos, logros, y desilusiones de sus generaciones precedentes. En consecuencia, cada generación es en cierto modo, una mejora de la generación anterior. En su artículo "La Paz" Baal HaSulam escribe, "**respecto a las almas, todas las generaciones desde el principio de la Creación... son como una generación que ha extendido su vida por miles de años**".

Nuestra juventud, por lo tanto, posee un empuje mucho mayor y más deseos que nosotros. La asimilación de conocimiento pasado no significa sólo que ellos dominen teléfonos móviles y computadoras más hábilmente que nosotros. Se trata de cuestiones mucho más sustanciales: **tienen un deseo inherente de descubrir para qué viven.** Y cuando no pueden contestar esta pregunta, se ponen agitados, distraídos, y deprimidos, y luego los "diagnosticamos" como que sufren de un trastorno, y les prescribimos medicamentos adictivos.

En la actualidad, a una parte creciente de ellos se le hace cada vez más difícil encontrar el propósito de su existencia. Estos jóvenes se frustran, y algunos sacan su frustración en el alcohol o drogas. Pero sólo tratan de evitar el dolor causado por el vacío dentro de ellos.

La solución

Hasta ahora, en vez de tratar el problema desde su raíz, buscamos suprimir los síntomas, luchando contra el "mensajero", calmando a nuestros hijos con medios superficiales, en vez de tratar de leer el mensaje. Necesitamos un cambio sustancial en nuestro sistema de educación y los valores que éste promueve. Nuestros niños quieren saber para qué vivimos, y depende de nosotros proporcionar la respuesta.

El concepto clave que debería dirigirnos en este proceso es "**enseñar a la juventud de acuerdo a su manera**". En vez de intentar adaptar al niño o adolescente al modelo que hemos creado o con el que crecimos, deberíamos tratar de acoplar nuestros métodos de educación y plan de estudios a las necesidades cambiantes de nuestros hijos, *para encontrar la mejor manera de convertir a nuestros niños en seres humanos maduros;* **humanos**, *en el sentido pleno de la palabra.*

No es la cantidad de conocimiento que un niño absorbe lo que debería importarnos, sino la calidad. Es imperativo que cuando deje el sistema de educación, sea capaz de responder la pregunta esencial sobre la vida, que todos los jóvenes preguntan. Para que esto pase, gradualmente debemos incorporar el contenido que explica la naturaleza humana, el origen de nuestras emociones y experiencias, nuestro papel como individuos y como sociedad, y, ante todo, el propósito que la vida nos conduce a alcanzar.

Reconectando la Fuente de la Vida

La sabiduría de la Cabalá establece que sólo conociendo las leyes ocultas de la naturaleza descubriremos el cuadro completo de la realidad. El que descubre la fuerza que funciona detrás de las acciones, entiende dónde se dirige la vida y ve las consecuencias de cada acto que decide tomar o evitar. La Cabalá explica que nuestro mundo parece estrecho y sin atractivo porque la parte espiritual que ha madurado dentro de nosotros, nuestra alma, permanece separada de la fuente de la vida. Sostiene que reconectar y quitar esta separación curará todos los sufrimientos.

La creciente desorientación, enajenación, y separación de la juventud no son coincidencia. Están aquí para inducir un cambio positivo en la realidad. Si unimos nuestra realidad actual con la solución ofrecida, descubriremos la parte oculta que nuestros niños buscan con tanta desesperación, tratando de escapar de la realidad. Entonces, no necesitarán ninguna medicación, y sentirán que sus padres y profesores les están proporcionando las herramientas para afrontar la vida exitosamente.

‿∞‿

EDUCACIÓN,
NO EN NUESTRAS ESCUELAS

"...esto es así, porque la generación ya está lista. Esta es la última generación, la cual se encuentra a las puertas de la completa redención".

Rabí Yehudá Ashlag, "El Shofar del Mesías"

La educación en Israel, así como la juventud, se encuentran en una verdadera crisis. Actos de violencia, valores que se han perdido, confusión y falta de una dirección clara son una expresión parcial de la frustración que sufren los jóvenes de hoy. Además, la cadena de índices negativos sobre el rendimiento escolar de los niños israelíes en distintas evaluaciones –tal como se refleja en un reporte oficial publicado hace unas semanas–, parecería ser una broma de mal gusto. Por si fuera poco, recientemente se llevó a cabo la huelga de maestros más larga de la historia contemporánea del país, en la escuela intermediaria.

El sistema educativo actual está cerca de perder el control. Aunado a esto, en los últimos años se ha popularizado la peligrosa tendencia de distribuir Retalín de manera ilimitada, una droga cuyo objetivo sería mantener serenos y calmados a nuestros hijos, pero que en realidad no representa ninguna solución al problema.

Si estuviéramos hablando sólo de una situación hipotética, lo anteriormente expuesto podría resultar hasta entretenido; pero estamos hablando de educación, el diamante de la corona, el corazón. Hablamos de la educación de nuestros hijos, los suyos y los míos.

Entonces, dejemos de lado el "ruido de fondo", los intereses y los interesados que giran en torno al problema educativo, y hablemos por un momento nosotros, los padres.

En esta historia somos "los clientes" del sistema y el cliente, aún si no tiene siempre la razón, al menos sabe bien lo que quiere.

Una generación completa exige respuesta

La nueva generación es significativamente diferente a las anteriores. Es suficiente echar un rápido vistazo a nuestros hijos para comprobar esta realidad. Muchos de ellos, ya no se llevan por las mismas cosas que eran tan importantes para nosotros, la generación anterior. Carrera, dinero, respeto, control o conocimiento, son unos ejemplos de las aspiraciones que les habíamos destinado con total naturalidad. Sin embargo, la nueva generación no encuentra estos objetivos lo suficientemente atractivos como para dedicarles sus vidas. Los chicos de hoy necesitan instrumentos prácticos que les ayuden a entender la realidad. Ellos exigen un llenado espiritual.

Por lo tanto, cuando discutimos acerca del problema educativo, en primer lugar debemos comprender que la juventud actual es mucho más desarrollada que lo que nosotros entendemos, y aspira a algo mucho más elevado que lo que les estamos ofreciendo.

Desde una edad temprana, el niño percibe cosas que nosotros no podemos entender, y las investigaciones realizadas hasta hoy muestran que el niño comprende mucho más que lo que nosotros creemos, pero como consecuencia de que es aún pequeño, no logra expresar con claridad las sensaciones que surgen con efervescencia en su interior.

De manera natural, cada generación está más desarrollada que la anterior, así ha sucedido siempre. Sin embargo, pareciera que en las últimas generaciones algo se ha complicado. La brecha intergeneracional es casi imposible de cerrar, en especial, en lo que respecta a la madurez emocional-espiritual. Desde el punto de vista de la espiritualidad, estamos en una etapa de transición, y en los próximos años podremos apreciar la influencia de esta necesidad (de llenado espiritual), sobre la vida moderna.

LA EDUCACIÓN SE HA PERDIDO

Hace cincuenta años dijo Albert Einstein que "La educación es lo que queda cuando el hombre olvida todo lo que ha aprendido en la escuela". Y tenía razón.

Las escuelas se esfuerzan por preparar al niño para tener una profesión útil, para ser un hábil tecnócrata, pero hace tiempo que renunciaron a la pretensión de educar.

La escuela se ve a sí misma como la encargada de ejercer el rol de entrenadora de alumnos, para que éstos puedan adquirir elementos que le permitan continuar su vida como un hombre de *high-tech* (alta tecnología), abogado, contador público o publicista exitoso. Sin embargo, **educación** allí no encontrarán.

La esencia de la educación radica en enseñar al niño a ser un verdadero hombre, no sólo un "adulto", sino un "ser humano", en el completo sentido de la palabra. Es decir, aquel que tiene valores verdaderos.

El sistema educativo intenta llevar a cabo sus acciones futuras basándose en elementos correspondientes a programas del pasado. Intentamos imponerles a nuestros niños aquello que fue bueno para nosotros, pero estos niños pertenecen a una nueva generación y, por lo tanto, estos fundamentos no son, en absoluto, aptos para él.

Por consiguiente, debemos desarrollar un método nuevo, apropiado para la generación joven, que le permita cuestionarse para qué vivimos, entender el propósito de su existencia, y fortalecer su interior. Un método que considere al joven como un ser humano integral, como un hombre que busca respuestas.

La sociedad y el ego que ruge

"El ocuparse cada uno de sí mismo proviene directamente de la consideración que tiene el Estado respecto al tema de la educación. Las personas se preocupan por sí mismas, sin prestar atención a los demás o a los valores en verdad relevantes", escribieron representantes del último año de secundaria, en una carta pública dirigida al primer ministro y a la ministra de Educación, hace unas semanas. En esa reflexión, precisamente, se plantea el origen del problema.

El ego humano que se encuentra en proceso de continuo desarrollo a través de la historia, llega hoy a su último y más elevado estadio. En los siglos anteriores, el ego se desarrolló lentamente, pero en la última centuria se produjo un incremento mucho más significativo. Este salto cualitativo dio un empuje al desarrollo científico y tecnológico, pero por otra parte, creó una generación egoísta, caracterizada por una necesidad apremiante de comprender el significado de la vida. Quien piensa que los miembros de esta generación no están preparados para entenderlo, se equivoca.

Las preguntas que en el pasado eran patrimonio de unos pocos y que se despertaban en el hombre a una edad relativamente madura, irrumpen y se instalan, hoy día, en el centro de la escena, exigiendo respuestas.

La incapacidad de responder a esta nueva necesidad que, en la mayoría de los casos es inconsciente e indefinida, crea una frustración que viene habitualmente acompañada de violencia e hiperactividad. El niño acumula frustraciones hasta que la situación estalla...

Otra forma que encuentran los jóvenes de evadir la realidad ante la imposibilidad de obtener respuestas, es a través de las drogas o cualquier otro placer que les traiga "felicidad instantánea (aunque momentánea)" a un costo de unos pesos.

Sedientos de contacto

Este anhelo desesperado conduce a los jóvenes a unirse a redes sociales virtuales que florecen y cambian constantemente. Allí, los jóvenes buscan integrarse y ser parte de una estructura mayor, cálida, segura y estable.

Encuestas publicadas recientemente dan cuenta que en el mundo actual casi la mitad de los niños crecen en un marco familiar transitorio e inestable. La célula familiar cálida, amorosa y protectora de antaño fue reemplazada por una "estructura improvisada", parejas cambiantes que cumplen con su función de padres sólo parcialmente y por un tiempo limitado.

En muchas ocasiones irrumpen en la vida del niño "nuevos hermanos" que él no conoce y que según la época, desaparecen hacia su otra familia. Resulta así que este niño vulnerable atraviesa las etapas más importantes de su desarrollo, sumido en una sensación continua de inestabilidad, miedo al abandono y temor a perder a uno de sus padres o a ambos.

Estos procesos, cuyo significado psicológico está claro para todos, influyen en forma directa en la formación de la personalidad del niño. Si a esto agregamos la necesidad interna de la que hablamos anteriormente, obtendremos un niño-adulto, que aún asignándole cientos de maestros en una misma aula, nada ayudará para educarlo.

La situación actual nos exige pensar en forma diferente, es necesario un cambio básico y profundo.

El cambio llegará desde abajo

¿Y nosotros? Una de dos: O estamos demasiado ocupados en otros asuntos como para disponer de tiempo libre y ocuparnos de lo que de verdad es importante, o no entendemos lo que está sucediendo, la gravedad de la situación.

No cabe duda, lo más sencillo que podemos hacer es dejar las cosas como están. Dejar a los maestros lidiar con el tesoro y desear que esta historia termine lo antes posible para que podamos volver a la rutina diaria y ocuparnos de cosas más importantes. Pero, aunque duela admitirlo, esto no va a terminar así nomás, y mucho menos rápidamente. La situación sólo empeorará si no tomamos una clara postura y exigimos un cambio verdadero y duradero.

Un cambio así, puede llegar sólo desde abajo. Desde nosotros, los padres de la nueva generación. Es nuestra obligación, generar un cambio básico en nuestra sociedad. Debemos presionar para producir un cambio absoluto en el orden de prioridades, que coloque a la educación (y no al "sistema educativo" ni a los "maestros", que no son los responsables de la situación actual) en el centro del orden del día. Tenemos que iniciar un diálogo público profundo, abierto y auténtico para poder entender cómo nosotros, como sociedad y seres humanos, nos ocuparemos de resolver esta situación.

No existe ningún motivo para temer a las "grandes preguntas". Los niños son mucho más abiertos frente a ellas que los adultos y, para nuestra sorpresa, las entienden mejor.

Es posible que queramos sacarnos de encima esta carga, pero no hay aquí nadie más que haga el trabajo por nosotros. Le debemos eso a la generación joven, a nuestros hijos e hijas.

೪೦೪

EL ALMA NO TIENE EDAD

Esta época, en que se pone en tela de juicio el sistema educativo por su incapacidad para formar adultos maduros y seguros, es el momento propicio para que las escuelas consideren el estudio de la sabiduría ancestral de la Cabalá.

Una transformación real y duradera en el sistema educativo requiere de planes de cara a las próximas dos generaciones, empezando por explicar a los jóvenes cuál es el significado de la vida.

Como científico y cabalista, habiendo estudiado y enseñado la Cabalá durante los últimos treinta años, estoy convencido que los retos que enfrenta el sistema educativo pueden solucionarse de manera efectiva. La alternativa está frente a nuestros ojos.

EL PODER DE LA EDUCACIÓN

La finalidad de la educación no es saturar el cerebro de los niños con conocimientos e información. La enseñanza debería ponerlos en contacto con el proceso especial que llamamos "vida". ¿Para qué vivimos? ¿Cómo y por qué ocurren las cosas? ¿Existe o no el libre albedrío? Las respuestas deberían encontrarse dentro del proceso educativo de nuestra juventud.

Poner a disposición de nuestros hijos herramientas prácticas para enfrentar la realidad cotidiana, implica ilustrarlos sobre las leyes que rigen la naturaleza.

Nada fue creado sin un objetivo preciso. Todo tiene una razón de ser. ¿Es lógico pensar que los seres humanos, la cumbre de la Creación, fueron creados sin propósito alguno? Por supuesto que no. El único problema es que lo desconocemos.

"Si mi generación hubiera escuchado mi voz, se habría iniciado el estudio del Libro del Zohar a la edad de nueve años".

Rabí Isaac de Kamarna, Notzer Jesed

Si explicamos a nuestros jóvenes el Propósito de la Creación, cambiará su actitud hacia la vida. Comprenderán que si contravienen los designios de la naturaleza sufrirán. Por ejemplo, la Cabalá nos explica que además de las leyes que ya conocemos –como las consecuencias de poner la mano al fuego–, hay otras aún desapercibidas, pero que nos afectan, y tenemos la capacidad de descubrirlas. ¿No convendría, entonces, enseñar a los pequeños aquello que les garantizará un futuro mejor?

Antídoto contra las drogas y el alcohol

La Cabalá explica que cada generación es más evolucionada que la anterior, tiene otros deseos, sueños, aspiraciones más altas, un nivel de egoísmo más elevado que el de sus padres. Los intereses del pasado parecen vacíos y sin sentido puesto que ya no satisfacen las necesidades actuales de la juventud. Por eso, rechazan la educación tradicional y muestran desinterés por la vida.

Tenemos que conocer el proceso y aprender a manejarlo. Sólo adaptando nuestro sistema educativo al nivel de la evolución (egoísmo) de nuestros hijos tendremos la posibilidad de transformar el deterioro de la juventud contemporánea.

Cabalá para los niños

El mensaje de la sabiduría de la Cabalá debe adaptarse a cada generación por medio de juegos e historias. Si explicamos a los niños cómo funcionan las cosas por debajo de la superficie, sentirán que se les revelan nuevos canales y alternativas en la vida. La verán desde un nivel ligeramente más profundo, captando el mensaje natural y fácilmente.

No es difícil explicar que hay algo oculto a nuestros sentidos, fuerzas más sutiles en nuestro mundo que las que percibimos que debemos tomar en cuenta; hileras inherentes en la naturaleza, las cuales los adultos nos hemos acostumbrado a pasar por alto.

Los pequeños continuarán con su vida cotidiana, excepto que ya sabrán que hay un orden sistemático más elevado que les dará una riqueza de conciencia más amplia para contemplar la vida. Ya no se sentirán frustrados y desorientados, no necesitarán de estrellas del pop como modelos de conducta, si no que crecerán encontrando sus propios senderos en busca de la plenitud.

Una experiencia personal

Los cabalistas a través de los tiempos nos han dado instrucciones para enseñar la Cabalá a los niños, quienes la entienden con más facilidad que nosotros. Por experiencia propia, en 1979, cuando empecé a estudiar con mi maestro, Rabí Baruj Ashlag (Rabash), traté de explicar lo que aprendía a mi hijo de siete años. Me sorprendió constatar que captaba casi sin esfuerzo. Me hacía preguntas sobre cosas que yo ni siquiera había notado. Ahora que ya es un adulto, con familia propia, conserva esa forma de vivir que recibió en aquel entonces.

Lo mismo sucedió con mis dos hijas. De hecho, los pequeños naturalmente presienten que la vida no empieza o se termina en nuestra existencia física actual. Tienen la sensación de que hay algo más allá.

El alma no tiene edad, y la única manera de corregirla: mediante el estudio de los libros auténticos de Cabalá. Las fuerzas espirituales ocultas en los textos guían nuestra alma hacia un estado perfecto. Aunque a veces los libros parezcan a algunos adultos difíciles de comprender, los niños no se desaniman; absorben el conocimiento natural y directamente.

Hay un inmenso poder en esta sabiduría. Y desde el momento en que uno la estudia, este poder se hace presente para transformar y mejorar nuestra existencia.

Necesitamos dar a nuestros hijos un "boleto para la vida", y la Cabalá nos puede ayudar. Cuando ellos comprendan los procesos que van experimentando, cambiarán muchas cosas en su vida para bien. Descubrirán un nuevo mundo, una nueva dimensión de su existencia, por encima de la parte física, y crecerán en un ambiente de confianza y amor. Estoy convencido que si lo hacemos alcanzaremos nuestro propósito de hacerlos felices.

EL AMOR DESCIFRADO

Todos nosotros, independientemente de nuestros orígenes, hemos experimentado el sentimiento de profundo enamoramiento, al menos una vez en la vida. El amor es ciego. Cuando estamos enamorados, no encontramos errores en la persona amada, justificamos todo lo que hace, y sólo vemos lo mejor de él o ella.

Sin embargo, la mayoría de nosotros sabemos que la "burbuja de amor" inevitablemente se revienta, y viendo en retrospectiva nos preguntamos: "¿Era el amor que sentía sólo una ilusión? O ¿Por qué no puedo sentirme ahora tan bien como antes, cuando estaba enamorado?"

EL AMOR – ¿QUÉ ES EN REALIDAD?

La sabiduría de la Cabalá presenta una explicación innovadora al dilema del amor. Explica que la razón por la cual nos sentimos bien, precisamente cuando experimentamos "esa cosa llamada amor", es que lo que sentimos concuerda de alguna manera con *la cualidad innata de la Naturaleza.*

Sentir amor, es una indicación de que hemos establecido contacto con esta cualidad positiva que revigoriza y une todas las partes de la realidad. La Cabalá la llama "amor" u "otorgamiento", y explica que es el factor unificador entre todos los elementos que conforman la realidad: minerales, plantas, y animales, así como de todas las experiencias en el mundo interior del ser humano.

Sin embargo, las demás partes de la naturaleza –inanimadas, vegetales y animadas– comparten esta cualidad de amor universal, de manera natural; mientras que el ser humano es la única criatura que no implementa esta cualidad automáticamente. Nosotros somos la excepción; fuimos creados para actuar libremente: Amar u odiar, dar o recibir, y así sucesivamente.

Cuando actuamos en contra del amor

El ser humano tiende a actuar en contra de la cualidad general de la Naturaleza, y esta es la raíz de todas nuestras sensaciones negativas. Por alguna razón, solemos pensar que nos sentiríamos mejor haciendo cosas para beneficio propio, incluso a expensa de otros. Nos enfocamos en "yo, yo, yo", "¿cómo puedo *yo* sentirme mejor?" y, "¿qué puedo hacer para ganar, *yo*, más dinero/fama/poder?" Sin embargo, sabemos claramente que este camino a la "felicidad" está pavimentado con competencia, envidia, soledad y dolor.

Obviamente, esto es lo opuesto a lo que pensamos cuando estamos enamorados, cuando todos nuestros pensamientos están dirigidos hacia *el otro*, y lo único que nos importa es esa persona. Cuando estamos enamorados, solamente pensamos en, "¿qué podemos hacer por *él/ella?*"

Si analizamos por un momento nuestra realidad cotidiana, y nos observamos desde una perspectiva más amplia, veremos que nos sentimos mejor precisamente cuando estamos en armonía con la cualidad del amor, porque entonamos nuestra "frecuencia interior" a la frecuencia que prevalece en toda la Naturaleza, a la corriente del universo completo.

Si preguntáramos incluso a los científicos, ellos estarían de acuerdo en que todos los organismos vivientes, cumplen *"la ley del amor"*. Esto se debe a que todas las células y demás partes de los organismos vivientes interactúan de acuerdo al principio de "otorgamiento", dando una a la otra, constantemente, con el propósito de cuidar las funciones esenciales y el bienestar del cuerpo entero y su vitalidad.

Incluso los cuerpos humanos se adhieren a las leyes de la Naturaleza de esta misma manera, ya que el organismo funciona a un nivel animal. Es sólo en el nivel *humano* de nuestras interacciones –en nuestros pensamientos y sensaciones– que empezamos a desviarnos hacia otra dirección.

El nivel humano en nosotros es donde sentimos nuestro "yo", nuestra identidad, y nuestra constante preocupación por nosotros mismos. Debido a que esta parte en nosotros está enfocada en ganancias e intereses personales, usualmente no nos damos cuenta que el mundo es un todo, integral, interconectado e interdependiente.

En otras palabras, perdemos de vista, que el placer o el sufrimiento de las otras personas están íntimamente ligados a nuestra interioridad, y que nuestro bienestar depende directamente del bienestar de los demás. La Cabalá nos ayuda a reenfocar y ver en detalle lo que está pasando, como cuando observamos las cosas "bajo una lupa". Luego nos damos cuenta que la ley de la Naturaleza, de amor absoluto -universal, instintivo, natural, atento y cuidadoso- está muy lejos de ser realizada a nivel humano.

Cuando armonizamos con la Naturaleza experimentamos un amor infinito

Si cambiamos esta tendencia, y empezamos a considerar a los demás de acuerdo a la ley de otorgamiento, sentiremos ese extraordinario sentimiento de "amor" todo el tiempo, no sólo en períodos cortos; ya que estaremos participando en el flujo de la Naturaleza, integralmente, tal como lo hacen las células del cuerpo. Simplemente nos fusionaremos con el resto de la Naturaleza y todo lo que nos rodea, en amor puro.

Esta armonía con la Naturaleza **a nivel humano** nos traerá una sensación de amor, placer y paz infinitos. Este sentimiento es considerado "Infinito" ya que cuando lo percibimos, los límites entre nosotros simplemente se desvanecen, y literalmente sentimos a los demás como si fueran parte de nosotros mismos.

Por lo tanto, una relación de amor y otorgamiento no es solamente un cambio de actitud o percepción, sino, un mejoramiento fundamental y duradero de nuestra calidad de vida.

Nuestras relaciones interpersonales se tornarán armoniosas cuando recordemos el infinito amor que podemos experimentar cambiando nuestro enfoque de recepción para nosotros mismos a otorgamiento. Entonces, encontraremos el balance no sólo en nuestra vida personal, sino también respecto al resto de habitantes sobre la Tierra.

VI

El rol de la
mujer y la
"guerra de los
sexos"

LA MUJER Y LA ESPIRITUALIDAD EN EL MUNDO MODERNO

Cada año oímos hablar de una celebración más del Día Internacional de la Mujer, del papel que juega en la familia, en la sociedad, en la vida productiva de un país. Pero ¿alguien se ha preguntado sobre el importante rol espiritual que ella juega en la humanidad?

Constantemente, a nivel internacional, se habla de realizar esfuerzos por alcanzar la igualdad entre los hombres y mujeres como condiciones para el logro de la justicia, la paz y el desarrollo. Sin embargo, los resultados nos demuestran que algo está fallando en el enfoque utilizado para conseguir estos objetivos.

Hoy en día, vemos que las mujeres han sufrido mucho más que los hombres, como producto del desarrollo. Los hombres se sienten cada vez menos responsables del hogar, y a la vez, se les han otorgado más medios con los cuales buscar poder, dinero, honor y diversión.

Las mujeres, por otro lado, están perdiendo el hogar como eje fundamental, los hijos dejan sus casas a temprana edad, los divorcios están a la orden del día, y en medio de esta situación, quedan ellas envueltas en una encrucijada sin satisfacer sus profundas demandas internas.

Por eso, no es de sorprendernos que el número de mujeres que sufren de depresión es el doble que el de los hombres, tal como lo demuestra el más reciente estudio del Instituto Nacional de Salud Mental de Estados Unidos (NIMH, por sus siglas en inglés).

DE VUELTA A LAS RAÍCES

Una apreciación del tema de género desde su raíz podría traernos a una situación más promisoria. Analizar los derechos de la mujer nada más desde la perspectiva terrenal y no desde la óptica de su desarrollo espiritual, hace que nos quedemos cortos en reconocer el papel tan importante que ésta juega en el mundo moderno y en la historia de la humanidad en general.

La Cabalá asigna a la mujer el papel principal en el mundo, porque es ella la encargada de la continuidad, perpetuando a la humanidad de generación en generación.

Puesto que ella forma la base para la generación siguiente –educándola y apoyándola–, el progreso en general, la vida en sí, sería imposible sin la mujer.

Esto proviene de nuestras raíces espirituales, porque la Creación es de género femenino. Según la Cabalá, el mundo existe alrededor de la mujer. *Maljut* -que representa el ser creado en general- es un componente femenino del mundo, mientras que *Zeir Anpin* -su parte masculina que representa la fuerza del Creador- existe solamente para ayudarle a satisfacer sus deseos, o como se le llama en la Cabalá, llenarla de Luz.

APRENDIENDO A RECIBIR

La Cabalá es llamada "la ciencia de la recepción", porque nos enseña cómo recibir, lograr la eterna felicidad, tranquilidad, serenidad, paz y amor ilimitados. Es decir, nos enseña que en lugar de agotar nuestra vida persiguiendo metas efímeras, que tarde o temprano, pierden su atracción, podemos aprender cómo recibir el placer que permanezca para siempre.

Los cabalistas de todas las generaciones han estado preservando y desarrollando este método para traerlo a nosotros y hacerlo adecuado para ser utilizado en nuestro tiempo, cuando fuera necesario corregir el egoísmo que habría alcanzado su máximo nivel, tal como lo explica el *Libro del Zohar*.

La cooperación armoniosa entre los dos sexos, sin embargo, es fundamental en el logro de esta Meta. Complementar uno al otro en vez

de chocarnos, aportando lo que sólo nosotros podemos, cada uno con sus cualidades inherentes, es lo que nos conduce eventualmente a la felicidad.

No obstante, esto no ocurre de manera repentina o casual, sino que es un proceso gradual que da inicio al desearlo consciente y personalmente.

EL MUNDO, EL HOGAR DE TODOS

En nuestro mundo nada sucede de manera accidental. Todo lo que traspasa de un nivel a otro es el efecto descendiente de las fuerzas de lo Alto. Y si algo repentinamente nos parece como un acontecimiento inesperado, fortuito, es solamente por nuestra percepción limitada. Si viéramos el sistema entero del mundo, la interacción total, nos daríamos cuenta que todo tiene una causa y un efecto.

Esto significa que para poder afectar un cambio verdadero en el mundo en general, y en nuestras relaciones personales, en particular, es imprescindible ascender al nivel de donde se originan los cambios.

Sin embargo, vemos que no sólo que la humanidad no haya ganado acceso a los secretos de la vida, sino que incluso aquellos marcos que han sido establecidos con una finalidad específica para el desarrollo de la sociedad, tales como la familia, la procreación, y demás, están perdiendo más y más su valor, a causa del creciente egoísmo.

En cambio, hemos creado un universo artificial para auto-satisfacernos, empujándonos hacia un estado de profunda crisis en las parejas, en las relaciones entre padres e hijos, y a todo nivel.

No obstante, esta crisis en la que nos encontramos, tiene un propósito: que comprendamos que para poder no sólo llegar a una vida feliz, sino, a una tolerable, es necesario establecer una relación consciente con la fuerza gobernante del mundo, la parte de la naturaleza que se oculta actualmente de nosotros. Si pudiéramos lograrlo, mediante la adopción de Sus leyes, es decir, equilibrándonos con la naturaleza, alcanzaríamos la felicidad absoluta, hombres y mujeres –uno al lado del otro–, en perfecta armonía.

৵৹৻

LA GUERRA ENTRE LOS SEXOS, ¿HASTA CUÁNDO?

PRIMERA PARTE

Ellos simplemente no entienden la manera de pensar de las mujeres; ellas, simplemente no comprenden sus prioridades. La verdad es muy sencilla: la raíz espiritual de los sexos es realmente distinta. Cómo establecer un camino en conjunto es el secreto verdadero.

Seguro ya han tenido la oportunidad de ver o al menos escuchar sobre la película *What Women Want*, conocida en América Latina como "Lo que ellas quieren", y en España, "¿En qué piensan las mujeres?". Sin embargo, para aquellos que no saben de qué se trata, he aquí un corto resumen:

Un macho chauvinista que maltrata a las mujeres, por accidente, recibe un día un choque eléctrico en su casa, lo cual cambia su vida completa e instantáneamente.

De repente, a partir de ese momento, desarrolla la habilidad de escuchar los más profundos pensamientos de todas las mujeres a su alrededor, y por consiguiente, empieza a familiarizarse con el sexo femenino.

Dijo Rabí Akiva: "Hombre y mujer, [si] logran, la Divinidad [se encuentra] entre ellos; [si] no logran, [se encuentran] consumidos por fuego".

===

Sabe espontáneamente todo lo que quieren y como resultado, desarrolla una sensibilidad hacia las mujeres en su vida, lo cual incrementa significativamente su popularidad. Éstas se deleitan y se impresionan de este hombre tan sensible, inteligente, dulce y atento, que tan asombrosamente sabe responder a sus necesidades, como si "hubiera leído sus pensamientos".

Esta película que tuvo un gran éxito por todo el mundo, toca fibras sensibles. La mayoría de la audiencia, hombres y mujeres en conjunto, salieron de esa película con una gran sensación de satisfacción; ellos, con la esperanza de sufrir un choque similar, y ellas pensando "ojalá le ocurra a mi cónyuge..."

TODO DEPENDE DEL PUNTO DE VISTA

El éxito de esta película refleja la necesidad que existe en cada uno de nosotros. ¿Quién de nosotros no ha soñado sobre un mundo en el que hombres y mujeres se entiendan uno al otro? Esta fantasía se ha tornando más y más necesaria en vista de que los hombres y las mujeres simplemente utilizan ondas opuestas de transmisión, lo cual fue comprobado por el gran éxito del libro "Los Hombres son de Marte, Las Mujeres de Venus".

Numerosas encuestas y libros que se publican diariamente demuestran que los hombres simplemente no entienden a las mujeres. No tienen idea de lo que éstas requieren de su cónyuge. Qué tipo de hombre buscan, qué es lo que anhelan, y qué es lo que realmente quieren, en general.

Para balancear esta afirmación, diremos que las mujeres tampoco tienen una idea clara de lo que quieren sus cónyuges. No entienden su estructura emocional, sus prioridades sociales y el total de sus juegos y costumbres a los que nutren fervientemente.

Pero ¿quién realmente necesita estas encuestas? Cada uno de nosotros que lleva una vida de familia o en pareja, aunque sea la mejor relación posible, se asombra una y otra vez de la gran diferencia que existe entre nosotros, en nuestra manera de pensar y en nuestra actitud hacia la vida.

Lo más asombroso es que junto a estas investigaciones y encuestas que se publican, los índices de desintegración de la vida familiar están en un crecimiento constante en todo el mundo.

HAY UNA SOLUCIÓN

Lo más curioso es el hecho que todas estas diferencias esenciales provienen de un solo cromosoma. ¿Esta gran desemejanza se debe sólo a eso? ¿Por qué es así?, ¿acaso habrá otra raíz a todo esto? Y la interrogante más interesante de todas: ¿Cuál es la fórmula de alcanzar las relaciones perfectas en pareja?

Según la Cabalá, existe tal fórmula para lograr este objetivo. No es una fantasía o magia, simplemente tenemos que conocer la raíz espiritual del hombre y de la mujer. Una vez que lo hagamos, podremos elevar nuestras relaciones a un nuevo nivel, desarrollar una conexión espiritual entre nosotros y llegar a la paz y la tranquilidad.

EL SENDERO HACIA LAS RAÍCES

Primero, tenemos que percatarnos que en toda la realidad hay una sola fuerza, llamada "Creador", la cual tiene un solo deseo de beneficiar y deleitar. Para realizarlo, creó una criatura, un creado, un alma general, que pueda recibir toda la abundancia y el deleite que Él quiso otorgar.

Según la Cabalá, el Creador, el Otorgante, constituye la raíz espiritual de la base masculina de la realidad, y el deseo de esta alma general, de recibir toda la abundancia, constituye la raíz espiritual de la base femenina de la realidad.

LA LÓGICA

El Creador le proporciona al alma la capacidad de aprender a dar y amar como lo hace Él, y le da, además, la oportunidad de llegar a este grado elevado, independientemente, por propia elección. Para ayudarle en esta tarea, y poder llegar al disfrute total, el Creador diseñó un plan especial de estudio: Descender hacia nuestro mundo corporal, donde el alma se encontrará desconectada del Creador, y de donde podrá volver a vincularse con Él.

LA GUERRA ENTRE LOS SEXOS, ¿HASTA CUÁNDO?

SEGUNDA PARTE

Él: "¡Cuán bella eres, amada mía! ¡Cuán bella eres! ¡Tus ojos son dos palomas!"
Ella: "¡Cuán hermoso eres, amado mío! ¡Eres un encanto!"

(Cantar de los cantares, 1, 15-16)

Él: "Como azucena entre las espinas, así es mi amada entre las mujeres".
Ella: "Como el manzano entre los árboles del bosque, así es mi amado entre los hombres".

(Cantar de los cantares, 2, 2-3)

Para enseñarle al alma sobre la conexión entre la entrega y la recepción, entre el Creador y el creado, Él dividió el alma en dos mitades separadas y distintas: femenina y masculina.

A continuación, disgregó estas dos mitades en miles de millones de fragmentos que se van vistiendo en hombres y mujeres de nuestro mundo, en cada generación. La mitad masculina del alma general es la raíz del alma individual de los hombres, y la femenina, del alma de las mujeres.

Raíces espirituales diferentes

Nuestra distinta raíz espiritual es la que dicta la gran diferencia entre hombres y mujeres en el mundo en que vivimos, la cual se expresa en la estructura de nuestros cuerpos, nuestro sistema emocional, nuestra actitud hacia la vida, y demás.

En otras palabras, pertenecemos a dos sistemas espirituales separados, por lo que mientras nos concentramos en remediar la falta de entendimiento entre nosotros, y cerrar la brecha entre nosotros en el plano de este mundo únicamente, no tendremos éxito. Simplemente continuaremos chocando contra la pared que nos ha estado separando por varios milenios. ¿Y la solución?

Aprender a conectarnos

La Cabalá proporciona tanto al hombre como a la mujer, un punto común de contacto, una base para trabajar de manera recíproca y con una conexión verdadera entre sí, en su camino hacia la perfecta relación. Nos explica que la única manera de llegar a una unión armoniosa es la de formar una relación entre nosotros basada en la relación que existe entre el alma general y el Creador.

En este punto, justamente, nos ayudan las diferencias entre nosotros –entre el deseo de dar y el de recibir– a alcanzar nuestro destino. Esto se explica de la manera siguiente: en la espiritualidad, el elemento más importante que propulsa el proceso de desarrollo espiritual es el deseo. Sin tenerlo previamente, el Creador no podrá impartir la abundancia que ha preparado para el alma.

Una vez que exista la necesidad de llenarse de dicha abundancia en el alma, es como si ésta abriera de pronto un grifo invisible, permitiendo el flujo ilimitado de plenitud por todas partes. El único desafío de este proceso es que la parte masculina del alma, el otorgante, necesita de alguien que lo empuje a actuar.

Se trata de una interdependencia

Para esto, existe la parte femenina del alma. Su rol es despertar el deseo de la parte masculina, para que quiera avanzar hacia el Creador y llenarse del deleite que Él desea otorgar. Esta es la única manera en la que ambas partes se unen en una sola estructura espiritual, en la que complementan uno al otro y se llenan de Luz. Y ¿dónde figuramos nosotros en este bello cuadro?

Resulta que en nuestro mundo, el hombre tampoco puede avanzar sin la mujer, y la mujer no puede llenarse de la Luz del Creador sin el hombre. Ambos son similares en ello, interdependientes y absolutamente complementarios.

Juntos hacia la Meta espiritual

La Cabalá nos revela que una pareja que trabaja en conjunto para alcanzar la espiritualidad, forma entre sí una relación de otro tipo de nivel, una relación espiritual. Ambos se elevan por encima de cualquier conflicto que exista entre ellos en el nivel corporal, ya que tienen un objetivo más elevado que llena sus vidas de significado. Una pareja que se une para alcanzar una meta más elevada, crea mutuamente una nueva vasija espiritual que no existía en la realidad.

Esta nueva vasija que resulta de este proceso no es ni masculina ni femenina, sino, una nueva "especie", dentro de la que se hace posible recibir la Abundancia Superior y una vida eterna que no es posible alcanzar por separado.

¿Cómo entonces, podemos hacer que él la entienda a ella, y ella a él?, ¿cómo aprendemos a ser realmente atentos y amar de verdad? Según la Cabalá, esto se hace posible cuando nos dedicamos conjuntamente al desarrollo espiritual.

Una pareja que está consciente del hecho que el desarrollo espiritual es el mejor regalo que puede dar uno al otro, y actúa constantemente para alcanzarlo, es la más feliz del mundo. La conexión entre ellos se basa y contiene un significado verdadero, a través del cual se embarcan unidos en el camino hacia la felicidad.

❧

VII

Temas
Selectos

DESCUBRIR EL TESORO

"Rabí Shimón Bar-Yojai empezó a llorar, diciendo: ¡Ay si divulgo! y ¡Ay si no lo hago!... ya que si no divulga, se perderán las revelaciones de la Torá; y si las revela, tal vez se entera de los secretos de la Torá alguien que no los merezca".

"Introducción a la Idra Raba",
Libro del Zohar, Parashat Nasó

Los cabalistas siempre han estado buscando maneras de divulgar al pueblo el método de alcanzar la perfección. Pero esta no es una tarea sencilla, exigió de los cabalistas un gran esfuerzo de superar toda clase de limitaciones.

En este articulo de *El Libro del Zohar*, atestiguamos el gran conflicto interno en el que se encuentra Rabí Shimon Bar-Yojai. Tanto quiere compartir con el mundo los conocimientos de la Cabalá, pero teme no ser comprendido apropiadamente.

Para poder entender este conflicto y por qué es tan difícil, primero tenemos que familiarizarnos con uno de los más grandes secretos: El significado verdadero del término, *"Torá"* (Biblia, en hebreo).

LA TORÁ COMO CONDIMENTO

"Rabí Shimon dijo, ¡Ay de quien dice que la Torá viene a contarnos simples historias! Sino que todo lo dicho en la Torá, son cosas elevadas y secretos superiores" (*Libro del Zohar, Parashá BeHaalotjá*).

El *Zohar* nos revela que la Torá no es una acumulación de relatos históricos o de leyes éticas terrenales, como fuimos acostumbrados a creer. De hecho, en muchos lugares del *Zohar*, se enfatiza: **"Creé la inclinación al mal, creé la Torá como condimento, ya que la Luz de la Torá la reforma** [a la inclinación]".

Los cabalistas explican que la Torá es una fuerza especial, *un condimento*, que tiene como objetivo ayudarnos a realizar la Meta de la Creación, la de elevarnos por encima del ego *–la inclinación al mal–*, e igualarnos a la Fuerza Superior que rige la realidad: la fuerza de amor y otorgamiento. La Torá fue impartida a los seres humanos, originalmente, sólo con este propósito.

La Torá tiene una cualidad especial; si se la usa conforme a su objetivo, es decir, con la intención de asemejarnos a la Fuerza Superior, nos eleva a una vida completamente diferente. Pero si nos involucramos en ella por otros motivos, puede hacernos daño; como está escrito: **"Logró, se le convierte en *Poción de Vida*. No logró, se le vuelve *Poción de Muerte*"**, (*Masejet Yomá, 72, 72*).

La expresión **Poción de Muerte** significa que la ocupación en la Torá incrementa el egoísmo. O sea, aparte del ego corporal, se le añade al individuo un ego espiritual. Este incremento de egoísmo le causa al individuo sentirse como un hombre virtuoso, justo, que merece pago del Creador y de los demás seres humanos, tanto en este mundo como en el próximo, y que ya tiene su lugar "reservado" en el paraíso. Esta es la razón por la que Rabí Shimon Bar-Yojai clama con "¡Ay!" en la cita mencionada.

Rabí Shimon quería presentar la sabiduría de la Cabalá sólo a aquellos que tuvieran la necesidad verdadera de corregirse a sí mismos y asemejarse al Creador. Pero tuvo el temor de que se hiciera con esta sabiduría lo que se ha hecho con la Torá, o sea, que se ha usado como un medio de obtener honores, dinero y control. Además, tenía miedo que se interpretara literalmente.

Por consiguiente, escribió su libro sagrado de *El Zohar* en codificación especial, sabiendo que éste sería ocultado por milenios hasta que la generación estuviera lista.

ASCENDER LA ESCALERA ESPIRITUAL

"**Rabí Shimon alzó sus manos y lloró, lamentando ¡Ay de quien se encuentre en aquel tiempo!, y bienaventurado será todo aquel que suceda encontrarse en ese tiempo. E interpreta: ¡Ay de quien se encuentre en aquel tiempo!, porque cuando venga el Señor a ver la cierva, examinará todos los hechos de cada uno... bienaventurado será todo aquel que suceda encontrarse en** ese tiempo, porque logrará aquella **Luz de la Felicidad del Rey**", ("**Advenimiento del Mesías**", *Libro del Zohar, Parashá Shemot*).

En lenguaje pintoresco, describe *El Zohar* a Rabí Shimon Bar-Yojai, mirando hacia el futuro y lamentando los tiempos del final del exilio, en los que sería necesario divulgar la sabiduría de la Cabalá con el fin de realizar la Meta de la Creación. Rabí Shimon está consciente de que parte de las personas harán un mal uso de ella, y es lo que lamenta.

Le duele a Rabí Shimon concebir que las personas –acostumbradas a utilizar la Torá, incorrectamente, reprimiendo las preguntas existenciales que les surgen– se acerquen a la Cabalá de la misma manera equivocada. Es acerca de ellas que clama ¡**Ay**!

Sin embargo, agrega de inmediato, que también habrá muchos otros que alcanzarán la gran Luz a través de ella. "**Bienaventurados**" aquellos en los que despierte la pregunta "**¿para qué vivimos?**", ya que ésta los vinculará con la "**Luz que reforma**", cubierta en los libros de Cabalá. Entonces, "**cuando el Señor venga a ver la cierva**", o sea, cuando la Luz Superior venga a llenar las almas, podrán estas personas deleitarse con "**la felicidad del Rey**".

Nuestra generación es afortunada por haber recibido el Comentario *Sulam* (Escalera, en hebreo) de *El Libro del Zohar*. Esta interpretación es la primera y única que le permite al ser humano dirigirse correctamente hacia el estudio de la Cabalá y descubrir el tesoro que ha oculta-do Rabí Shimon en el *Libro del Zohar*.

Este comentario tiene un nombre apropiado -*Esca-lera* (El significado de *Sulam*, en hebreo)-, ya que sirve como una escalera para ascender directamente a la ple-nitud. El nacimiento de este Comentario *Sulam* del *Libro del Zohar* en nuestra época no es casual; es una prueba irrefutable de que estamos realmente acercándonos a "**La Luz de la felicidad del Rey**".

⤦⤧

Rezo en apuros, un rezo verdadero

**¿Qué es el Tikkún? ¿Quién lo necesita?
¿Qué es lo que tenemos que corregir?**

En Cabalá, el término *Tikkún* (corrección) es el concepto más importante. Es el medio por el cual se alcanza la Meta del Creador hacia Su creación (nosotros). La tradición judía está repleta de historias acerca de cabalistas que se recluyen voluntariamente o se internan de forma solitaria en las montañas para hacer Tikkunim (plural de Tikkún).

La realidad, lamentablemente, es bastante menos romántica. *Tikkún* es la transformación de las cualidades propias, del egoísmo al altruismo. En palabras sencillas, cuando una persona deja de pensar en su propio bienestar y comienza a tomar en cuenta el beneficio de todos los demás, a esa persona se le considera corregida.

La Cabalá explica que el Creador es benevolente y quiere hacer el bien a Sus criaturas. También aclara que ya que Él es lo mejor que existe, quiere que seamos como Él. Al momento de nacer, nos dicen, no tenemos el mínimo parecido al Creador, sino que cada uno de nuestros rasgos está en completa oposición a los Suyos. El *Tikkún* es, por lo tanto, la transformación de las cualidades propias, de humanas (egoístas) a divinas (altruistas y benevolentes).

Pero si Él es bueno y quiere favorecernos, ¿cómo nos beneficia el llegar a ser altruistas y pensar en los demás? El beneficio no radica en la transformación del egoísmo en altruismo, en sí, sino, en la percepción realzada que proporciona. Ya que cuando adquirimos Sus cualidades, adquirimos también Su perspectiva. Por este motivo, los cabalistas explican que la persona que se adentra en el mundo espiritual por vez primera –en la que se le refiere como un "infante"– observa el mundo de un extremo al otro. Y cuanto más nos desenvolvemos en la espiritualidad, más aguda y profunda se vuelve nuestra percepción. Eventualmente, cuando todas nuestras cualidades son semejantes a las de Él, llegamos a ser omniscientes, todopoderosos, recibiendo y dando todo, al mismo tiempo.

EL REZO

Existe un solo medio que nos puede traer el *Tikkún* —el rezo. Es más, de acuerdo a la Cabalá, hay una sola oración que el Creador escucha: el rezo por lograr el *Tikkún*. De hecho, si observamos el mundo a nuestro alrededor y consideramos el estado hacia el que la humanidad rápidamente está decayendo, quedará muy claro que, **o no**

estamos rezando o nuestras plegarias no están siendo contestadas.

Una oración, como explica la Cabalá, es una petición para ser corregidos. Cuando he intentando con mucho esfuerzo ser como el Creador, benevolente, dador, y bueno, y siento que he fallado completamente, entonces me vuelco al Creador y de corazón pido de Él: "*Hazme como Tú, porque yo no puedo hacerlo por mí mismo*".

A este respecto, el gran cabalista del siglo XX Rabí Yehuda Ashlag escribió en una carta a un estudiante:

"No hay estado más feliz en la vida que cuando uno se encuentra totalmente desesperado de su propio poder, o sea, que ya se ha esforzado y ha hecho todo lo que ha podido, y no ha encontrado remedio. Esto es así porque uno entonces es digno de pedir sinceramente Su ayuda, ya que uno sabe con certeza que el trabajo propio no será suficiente".

Rabí Yehuda Ashlag , "Carta no. 57 del 1935"

En la Biblia está escrito, "**el corazón del hombre es perverso desde su juventud**" (*Génesis* 8:21). Por tanto, para lograr la corrección, necesitamos ser cambiados por la única fuerza que *no* es maligna (egoísta): **el Creador**.

Así, aunque parezca un tanto irónico, la única forma mediante la que podemos lograr plenitud, satisfacción y placer ilimitado es cuando dejamos de preocuparnos por nuestro bienestar y empezamos a cuidar del bienestar de todos los demás.

Este mensaje es el gran "secreto" que la Cabalá ha ocultado en su interior por dos mil años, desde la escritura (y posterior ocultamiento) de *El Libro del Zohar*. Hoy día, en el principio del siglo XXI, los cabalistas ya no ocultan el mensaje. En su lugar, aseguran que la humanidad en su conjunto está lista para recibirlo.

Todos sus libros se refieren únicamente a esta transformación, y si leemos los escritos del gran cabalista, Yehuda Ashlag, veremos que es así como él explica cada texto cabalístico, desde *El Libro del Zohar* (del Rashbí) hasta *El Árbol de la Vida* (del Arí).

Si leemos los libros de Cabalá con un solo objetivo en mente, **ser corregidos** en el sentido verdadero de la palabra, dejarán de ser misteriosos para nosotros. El poder que poseen nos afectará, y empezaremos a ver y a sentir el mundo de una forma completamente diferente.

ꝏ

El secreto de las letras

El alfabeto hebreo que acompaña a los escritos cabalísticos desde su origen, fascina, intriga. ¿Cuál es el secreto imbuido en estas letras?

"¡Cambié mi nombre! Desde hoy me llamo Luz en lugar de Lucía. Estoy segura que este cambio me abrirá el camino a cosas buenas en la vida y me hará mucho más feliz".

Este tipo de declaraciones se ha oído miles de veces. Muchos piensan que al cambiar el nombre con el que nacieron, transformarán su destino para bien. Creen en el poder místico y espiritual de las letras hebreas, utilizándolas como amuletos, en meditaciones y en las Cartas del Tarot. Nos preguntamos, entonces, ¿dónde yace la verdad?

La auténtica sabiduría de la Cabalá afirma que aunque a un individuo le ayude psicológicamente el cambiar su nombre - especialmente si está convencido de que el nombre con el que nació le ha traído mala suerte- esta simple modificación no trae un cambio verdadero en la vida.

EL MUNDO FUE CREADO CON LA LETRA BET[2]

"Cuando Quiso crear el mundo, vinieron a verlo [Al Creador] todas las letras en orden descendiente desde la última hasta la primera, y la final –la letra Tav– entró primero. Le dijo al Señor: 'Maestro del Universo, es bueno para Ti crear conmigo el mundo...porque soy la letra final de la palabra Verdad (Emet, en hebreo). Y Verdad es Tu nombre. Es muy adecuado para un Rey comenzar con la letra de la Verdad y usarme para crear el mundo'. Le respondió el Señor: Eres bella y honesta, pero no eres adecuada para la creación del mundo...", (*"Artículo de las Letras", Preámbulo del Zohar*).

Así comienza Rabí Shimon Bar-Yojai el "Artículo de las Letras" del *Libro del Zohar* que revela el secreto de las letras hebreas. En su lenguaje pintoresco nos describe cómo se presentó cada una de las letras ante el Creador, pidiéndole ser usada para crear el mundo.

Se presentaron en orden descendiente: la letra final del alfabeto *-Tav-* al principio, y la primera letra *-Alef–*, al final. El Creador "escucha" el pedido de cada una de

---

2   Bet –segunda letra del alfabeto hebreo

las letras, les permite argüir su petición, y decide finalmente crear el mundo con la letra **Bet**.

"La letra Bet le dijo: 'Maestro del Universo, es bueno
para Ti crear conmigo el mundo, porque conmigo te ben-
dicen Arriba y abajo (Ésta es la primera letra de la palabra
Bendición en hebreo: Brajá). Le respondió el Creador:
por cierto crearé el mundo contigo...", (*"Artículo de las
Letras", Preámbulo del Zohar*).

¿Por qué se creó el mundo con la letra **Bet**? Y ¿qué
tiene que ver esta historia cabalista, cautivadora, con nosotros?

DE ABAJO HACIA ARRIBA – DE TAV A ALEF

Según la Cabalá, cada una de las 22 letras hebreas representa un proceso espiritual interno, un estado espiritual
específico que ocurre internamente. Cuanto más uno avanza en su camino espiritual hacia el Creador, más partes de
la realidad espiritual descubre. Cada fase de este progreso es
considerada el descubrimiento de una "letra" adicional.

El individuo asciende la escalera espiritual en orden
alfabético, atravesando el mismo trayecto que el Creador
utilizó creando las letras, sólo que el individuo lo hace
de abajo hacia Arriba, desde la letra final hasta la primera. Comienza con la letra **Tav**, adquiriendo cada una de
ellas, hasta llegar a la letra **Bet,** que representa el trato
perfecto del Creador al creado. Este avance comienza desde el estado en el que estamos hoy día, inconscientes de
toda percepción espiritual, y culmina con la revelación
del pleno estado espiritual.

¿Qué es lo que se encuentra detrás de las letras?

La letra **Bet** proviene originalmente de la **Sefirá** de **Biná**. Ésta representa la actitud de amor y entrega del Creador hacia el ser humano. Después que el hombre descubre este trato internamente, comienza a reproducirlo, a amar y otorgar como el Creador, adquiriendo la capacidad de percibir el mundo espiritual en el proceso, hasta alcanzar el nivel final del Creador Mismo.

Este completo proceso espiritual está detallado en un lenguaje críptico en la Biblia. El cabalista que ya se ha elevado al nivel espiritual es capaz de descubrir el significado espiritual oculto en las Escrituras detrás de las formas de las letras y palabras.

La raíz del alma – el nombre verdadero

Las combinaciones que forman las letras entre sí nos muestran las diversas posibilidades de revelación del trato del Creador a nosotros. El orden en que se escriben y las conexiones entre ellas, crean en el hombre un cambio constante de sentimientos.

Para quien descubre el secreto de las letras, la lectura del texto cabalista se convierte en una experiencia real, mediante la cual percibe el mundo espiritual y siente la combinación única de las letras que componen su nombre. El grado espiritual que alcanzó es lo que le otorga al hombre su nombre.

Cuando uno se eleva al próximo grado espiritual, su relación con la Fuerza Superior cambia y trae consigo un cambio de letras, resultando en un nombre nuevo que concuerda con el nuevo grado obtenido.

Sólo cuando alcanza el último escalón, llegando a la raíz individual de su alma, el ser humano recibe su nombre final, el verdadero. Puesto que cada uno de nosotros tiene una raíz distinta de alma, cada uno tiene un nombre diferente.

Por lo tanto, un cambio artificial de nuestro nombre no nos ayudará a obtener una vida mejor. Sin embargo, si deseamos saber cuál es nuestro nombre verdadero, es decir, cuál es la raíz de nuestra alma, realmente mejorando nuestra vida en el proceso, debemos elevarnos hacia el mundo espiritual y descubrirlo.

৩৵৹

La Cabalá explica la Biblia

¿Qué se necesita para crear el libro más popular de todos los tiempos? Aparentemente requiere descubrir un mundo donde no existen las palabras...

Moisés, quien bajo inspiración divina escribió los cimientos de la Biblia, fue encontrado por la hija del antiguo gobernante egipcio, el Faraón, en un pesebre de papiro a la orilla del Nilo. Fue criado en la casa del Faraón y como príncipe, tuvo acceso a todo lo que cualquiera pudiera desear. Hasta que un día, decidió embarcarse en el viaje que lo llevó a descubrir el Mundo Superior.

Descubrió que ése no era un lugar físico sobre la tierra, sino, un mundo interno de sensaciones completamente nuevas y maravillosas, inalcanzables por nuestros 5 sentidos tradicionales.

Cuando decimos "un mundo", la imagen que probablemente nos viene a la mente es, un amplio espacio físico lleno de objetos, plantas, animales y personas. Sin embargo, el Mundo Superior es percibido por medio de la interioridad del ser humano, donde uno se conecta con las fuerzas que propulsan la realidad llamada "nuestro mundo", a través de nuestros cinco sentidos. Y en el punto más alto del Mundo Superior, uno descubre que todas estas fuerzas están conectadas a una única y abarcadora Fuerza Superior llamada "Luz Superior".

PALABRAS PARA DESCRIBIR EL MUNDO ESPIRITUAL

La Biblia es aún hoy en día el libro más famoso que jamás haya sido escrito, aunque fue concebido hace miles de años. Su verdadero contenido y propósito yace en el vocablo *Torá* (en hebreo: *Ohr* – Luz y *Horaá* – instrucción) que nos indica que el libro es un manual para sentir la Luz Superior que se encuentra en el Mundo Superior que Moisés había descubierto.

Pero como ahí no existen palabras, la *Torá* utiliza términos terrenales para describirlo. ¿Cómo, acaso, pueden nuestras palabras corrientes describir al Mundo Superior? La Cabalá explica que las fuerzas espirituales de ése mundo son las que gobiernan y dirigen todo en el nuestro. De modo que cada fuerza del Mundo Superior se manifiesta en nuestro mundo. Estas fuerzas se llaman "Raíces", y sus manifestaciones en nuestro mundo se llaman "Ramas". Por eso, el lenguaje utilizado en la *Torá* se denomina "El Lenguaje de Ramas".

Es decir, cuando Moisés quiso describir algún fenómeno del Mundo Superior, lo llamó por su rama manifestada en nuestro mundo. Por ejemplo, usaba la palabra "piedra" para denominar la fuerza espiritual que se manifestaba en nuestro mundo como una piedra. Así que la palabra "piedra" no se refería a la piedra que nosotros vemos y sentimos, sino a su raíz espiritual.

Igualmente, cada palabra de la Biblia describe acontecimientos del Mundo Superior. Y cuando se lee con esto en mente, le damos al libro el uso que su autor pretendía: **como guía para quien se embarca en el camino del descubrimiento espiritual.**

CUANDO LAS PALABRAS PIERDEN SU SENTIDO

A medida que fue pasando el tiempo, el verdadero significado cabalístico de la Biblia fue olvidándose. En vez de ser leído con el fin de penetrar el Mundo Superior y sentir la Luz Superior, mucha gente empezó a creer que el libro hablaba sobre nuestro mundo: relaciones entre personas, enseñanzas morales y consejos para resolver y organizar nuestros asuntos mundanos; o que era simplemente una narración histórica. Ambas son interpretaciones equivocadas del texto, ya que el mismo fue escrito en el Lenguaje de Ramas, y trata solamente del Mundo Superior.

No obstante, existe evidencia arqueológica de que los acontecimientos históricos que se describen en la Biblia realmente sucedieron en nuestro mundo. ¿Acaso sostienen los cabalistas que ninguno de estos hechos realmente hayan sucedido? No, justamente lo contrario: Ellos nos ayudan a comprender por qué todos estos *tenían* que ocurrir también en nuestro mundo.

Como hemos dicho, cada objeto y cada acontecimiento de este mundo surge y es dirigido por su raíz en
el mundo espiritual. Por eso, cada objeto espiritual debe
manifestarse también en nuestro mundo. Es decir, a pesar
de que la Biblia solamente describe el Mundo Superior,
los eventos correspondientes también deben acontecer
en el plano terrenal.

LEER CORRECTAMENTE LA TORÁ

La diferencia básica aquí es que los cabalistas consideran los objetos y sucesos espirituales -las raíces-,
infinitamente más importantes que sus consecuencias
materiales. Explican que un cabalista con el excepcional
alcance espiritual de Moisés, sería incapaz de escribir ni
una sola palabra con el simple propósito de hablarnos de
historia o de ética. Su única meta en la vida sería revelar
a la humanidad el Mundo Superior, para ayudarnos a
percibirlo como él lo hizo, alcanzando así la meta más
elevada de nuestra existencia.

De ahí que la manera correcta de leer la *Torá* es com-
prendiendo que cada palabra se refiere a una fuerza espiritual que se encuentra en el Mundo Superior. Entonces,
uno comienza gradualmente a conectarse con estas fuerzas y a percibirlas, tal como lo hizo Moisés.

Quienes ya han desarrollado la habilidad de percibir
el Mundo Superior se llaman "cabalistas", y cuando leen
la *Torá* no visualizan sucesos históricos ni enseñanzas morales. En cambio, perciben claramente cómo las fuerzas
espirituales nos gobiernan a nosotros y a todo lo que nos
rodea, y cómo todo se une finalmente en la infinita y
perfecta Luz Superior.

5

DOS ÁRBOLES – UNA SOLA RAÍZ

En el relato bíblico del paraíso hay una descripción del Árbol de la Vida y el Árbol del Conocimiento. En ambos árboles están imbuidas las instrucciones para establecer la correcta relación entre el Creador y el creado. ¿Cuál es la estructura del alma de Adam HaRishón? ¿Cuál es el significado cabalistico escondido en el pecado del Árbol del Conocimiento? Y ¿cómo corrige un cabalista este pecado?

"De todos los árboles del jardín comerás, pero del Árbol del Conocimiento no comerás, porque al hacerlo, morirás".

(Génesis 2, 16-17)

Deleite, prohibición, vida, muerte, pecado, castigo, Árbol del Conocimiento, Árbol de la Vida. En el relato misterioso del paraíso, se encuentran todos los elementos que componen un drama clásico. Muchas leyendas se han escrito acerca de lo que allí ha acontecido o no. La sabiduría de la Cabalá viene al rescate, proveyéndonos una explicación fiel acerca del significado verdadero.

Según la Cabalá, la historia del paraíso es en realidad, una colección de instrucciones de operación para la restauración del alma fragmentada que existe en nosotros.

Tal como lo describe el Rabash (Rabí Baruj Shalom Ashlag) en su artículo (no. 10 del 1984), el Creador creó una sola alma, llamada *Adam HaRishón* (El Primer Hombre, en hebreo):

"...todas las almas vienen del alma de *Adam HaRishón,* porque después del pecado del Árbol del Conocimiento, esta alma se dividió en seiscientas mil almas. Esto quiere decir que lo que tenía *Adam HaRishón* como una sola Luz en el Jardín del Paraíso, denominada en *El Zohar* "Zihará Ilaá (Luz Superior), se dispersó entonces en múltiples partes".

"Resulta que cada uno nace con un solo fragmento del alma de *Adam HaRishón,* y cuando lo corrige ya no tiene que reencarnarse más", (Rabash, "*Artículo no. 12, 1984*").

Al ser creada, se encuentra esta alma en el estado llamado **Jardín del Paraíso**. Según la Cabalá, está compuesta de 613 deseos que se dividen en dos tipos:

1. **Árbol de la Vida – 248** deseos puros, refinados, a través de los cuales podemos acercarnos al Creador, por lo que es permitido usarlos, realizarlos.

2. **Árbol del Conocimiento – 365** deseos impuros (egoístas), los cuales nos alejan del Creador, por lo que inicialmente, está prohibido usarlos.

En la Cabalá, la palabra "**prohibido**" se refiere a "**imposible**" y la palabra "**permitido**" a "**posible**". De aquí que el objetivo del decreto que permite comer del Árbol de la Vida –lo cual significa usar, realizar los 248 - deseos – es explicarle al creado **cuáles son los deseos que puede utilizar para acercarse al Creador**. En contraste, la prohibición de comer del Árbol del Conocimiento –usar, realizar los 365 deseos– le indica al creado **de qué deseos tiene que cuidarse para no desprenderse del Creador**.

Pecado prediseñado

"...no podía ingerir del Árbol del Conocimiento con la intención de otorgar, sino que lo ingirió con la intención de recibir. Esto es llamado '*el aspecto del corazón*'. Es decir que el corazón quiere únicamente lo que le trae beneficio propio. Y este fue el pecado del Árbol del Conocimiento", (Rabash, "*Artículo no. 12, 1984*").

Y efectivamente, después de haber comido del Árbol del Conocimiento, pese a la prohibición, *Adam HaRishón* descubre qué difícil es mantener la relación con el Creador. Los 365 deseos grandes que simboliza el Árbol del Conocimiento se revelan y *Adam HaRishón* pierde control. Sin embargo, hay que entender que este pecado no era casual, sino, predeterminado. El objetivo de este pecado era traer el creado, a fin de cuentas, al estado en el que pueda usar, realizar todos sus 613 deseos plena e ilimitadamente.

No obstante, como resultado de este pecado, todos los deseos pasaron un proceso de fragmentación, tal como un rompecabezas en el que todas sus partes se han separado y mezclado entre sí, hasta que es imposible saber adónde pertenece cada pedazo. Es así que *Adam HaRishón* perdió la habilidad de usar incluso los 248 deseos que podía utilizar anteriormente.

En este proceso de fragmentación, se dividió el alma de *Adam HaRishón* en múltiples almas particulares, y éstas descendieron al lugar más distante del Creador, este mundo. En cada uno de nosotros existe un fragmento de aquella alma general de *Adam HaRishón*. Y aunque no lo sintamos, dentro de cada una de nuestras almas latentes, existen dos tipos de deseos que están mezclados entre sí: los permitidos, y los prohibidos.

El despertar y reconstrucción de nuestra alma se realiza mediante la **Luz que Reforma**, que se atrae a través del estudio, desde las fuentes auténticas de la Cabalá. Primero, tenemos que separar los deseos ásperos de los refinados, o sea, entre el Árbol del Conocimiento y el Árbol de la Vida, y luego, adquirimos la plena capacidad de utilizar y realizar correctamente ambos árboles en conjunto, es decir, todos los 613 deseos del alma, experimentando una existencia plena y segura, lo cual fue desde un principio, la Meta de la Creación.

❧❦

EL QUINTO MANDAMIENTO[3]

El libro del Zohar nos revela el significado espiritual del mandato "honra a tu padre y a tu madre" de la siguiente manera: cualquier persona que quiera elevarse a un grado más elevado, tiene que honrar –o sea, investigar y reconocer la importancia– del grado superior llamado, Aba ve Ima (padre y madre, en hebreo).

Si realizáramos una encuesta alrededor del mundo, con una sola pregunta: "¿Qué son los Diez Mandamientos?", hay una gran probabilidad que la mayoría de las respuestas serían, "Se trata de diez leyes morales que fueron impartidas al pueblo de Israel en la Escena del Monte *Sinaí*", o algo por el estilo. Si les hiciéramos la misma pregunta a los cabalistas, sin embargo, las posibilidades de recibir una respuesta totalmente opuesta, son muy altas.

---

3   El Quinto Mandamiento, según el Tanaj (Antiguo Testamento), se refiere a "Honra a tu padre y a tu madre", a diferencia de la enumeración de los Diez Mandamientos en el cristianismo.

Los Diez Mandamientos, de acuerdo a la Cabalá, son **diez leyes espirituales que guían al ser humano en su sendero espiritual hacia la Meta de su creación.**

Miremos como ejemplo el Quinto Mandamiento: "Honra a tu padre y a tu madre". A primera vista, éste parece ser una ley que tiene como objetivo enseñarle al hombre cómo comportarse en su vida familiar, lo cual es válido en el plano corporal. Pero los cabalistas nos explican que se trata de una ley espiritual natural, que tiene como fin guiarnos en cómo elevarnos de nuestro grado actual, nuestra naturaleza corporal, al nivel espiritual, superior, llamado en la Cabalá, "**Aba ve Ima**", (padre y madre, en hebreo).

Mundos Superiores

El cabalista que asciende la escalera espiritual descubre que fuera de lo que siente en este mundo, existe a su alrededor un mundo adicional. Se entera que hay fuerzas que actúan sobre él y manejan todas sus acciones y sentimientos, desde esta área adicional.

La palabra **Mundo**, (**Olam**, en hebreo) deriva de la palabra **Ocultación** (**haAlamá**, en hebreo), lo cual significa que el mundo funciona como un filtro que va ocultando y disminuyendo la cantidad de Luz Superior –placer– que llega al ser humano.

El Mundo Superior está hecho de cinco escalones, colocados uno encima del otro, llamados: **Keter**, **Jojmá**, **Biná**, **Tifferet** y **Maljut**.

Keter, representa el Creador, **Jojmá** es llamada **Aba** (padre) y **Biná, Ima** (madre). **Tifferet** y **Maljut** son llamados **Banim** (hijos), y representan al creado, el ser humano.

ABA VE IMA (PADRE Y MADRE)

Los cabalistas nos explican cómo sucede el ascenso de un escalón espiritual a otro. Dicen que comienza de **Keter**, es decir, del Creador.

La palabra en hebreo que denomina el Creador, **Boré**, proviene de dos palabras hebreas, **Bó** (ven) y **Reé** (ve). Éstas significan la convocatoria especial que manda el Creador al ser humano a través de **Aba ve Ima**, con el objetivo de que el ser humano se eleve a un escalón espiritual más alto, y descubra una realidad espiritual más amplia.

Aba ve Ima son dos fuerzas que le ayudan al ser humano a realizar este ascenso. Lo elevan a nuevas alturas espirituales, y le abren nuevos horizontes.

Ima (madre) es el nombre de la fuerza que corrige al ser humano y lo prepara para elevarse a un escalón superior. Esta fuerza le imparte al hombre una Luz especial, llamada **Luz de Jassadim** (Luz de misericordia, en hebreo), mediante la cual, se eleva de su escalón espiritual actual al próximo.

Desde el momento en que el hombre arriba a su nuevo escalón, la segunda fuerza, llamada, **Aba** (padre), le

imparte abundancia y lo llena de una Luz especial llamada Luz de **Jojmá** (Luz de sabiduría, en hebreo).

De esta manera, mediante estas dos fuerzas -**Aba ve
Ima**- logra el ser humano progresar en su camino espiritual.

Este proceso se repite una y otra vez. Cada vez que el
individuo llega a un nuevo estado, descubre en él **Aba ve
Ima** más elevados, y se apoya nuevamente en ellos para
seguir su ascenso a través de la escalera espiritual.

¿QUIÉN SE MERECE LOS HONORES?

En el Libro del Zohar (Parashá, Tetzavé), escribe Rabí
Shimón Bar-Yojai: "...y es debido a esta corrección que
cambiaron los nombres de **Jojmá** y **Biná** a **Aba** e **Ima**;
Tifferet y **Maljut** son llamados, **Banim** (hijos)..."

El Libro del Zohar, nos revela con esto el significado
espiritual del mandato "**honra a tu padre y a tu madre**",
de la manera siguiente: el que quiere ascender a un grado
más elevado, **debe honrar** -es decir, investigar y reconocer la importancia- del escalón más alto, llamado **Aba ve
Ima** (padre y madre).

De esta manera, aprende el ser humano mediante la
sabiduría de la Cabalá, cómo apoyarse en estas dos fuerzas que recibe de los niveles superiores, para ascender la
escalera espiritual, hasta llegar al grado más elevado llamado, **Gmar Tikkún** (el fin de la corrección, en hebreo),
el grado de amor absoluto y felicidad.

৵৶

7

LA LUZ FLUYE
EN CUATRO IDIOMAS

**Los libros sagrados fueron escritos en
cuatro idiomas de codificación: el de la
Biblia, la Halajá, la Hagadá y la Cabalá.
No se trata de reglas morales o cuentos,
sino, de cuatro medios distintos para
enseñarnos sobre el Mundo Espiritual.
O sea, todos estos libros –la Guemará,
la Torá, el Midrash y demás– también
son libros de Cabalá.**

PALABRAS DE NUESTRO MUNDO

Para empezar, tenemos que entender que todas las
escrituras sagradas fueron elaboradas por cabalistas, personas que han descubierto que en toda la realidad existe
una sola fuerza de entrega total y de amor, cuyo propósito es conducirnos a Su estado, a una unión basada en
amor, conforme Su naturaleza. Para poder entregarnos
esta sabiduría, los cabalistas describieron el camino espiritual, usando palabras que podamos entender, palabras

de nuestro mundo. Elaboraron la sabiduría de la Cabalá en cuatro lenguajes distintos de codificación, los cuales describen una sola cosa: el mundo espiritual.

Lenguaje de la Torá

Según la Cabalá, el Creador creó una realidad compuesta de dos fuerzas, el deseo de otorgar y el de recibir, el Ego, representados por el Cielo y la Tierra. Esto se expresa en el famoso versículo de la Biblia sobre la Creación, **"En el principio Dios creó el cielo y la tierra"**. Es decir, el creado tiene que alcanzar el grado máximo de desarrollo, el del Creador, utilizando ambas fuerzas.

Es decir, si tuviéramos únicamente el deseo de otorgar –Cielo–, seríamos como Ángeles, que dan automáticamente, sin libertad de elección. Y si sólo tuviéramos el deseo de recibir –Tierra–, querríamos recibir, únicamente, tal como los recién nacidos.

Los cabalistas explican que éste es el único tema del que trata la Torá.

Lenguaje de la Halajá

La manera de combinar estas dos fuerzas correctamente se expresa en la *Gemará*: **"Dos aferran un *Talit* (Manto de rezos)... Uno dice 'es todo mío', y el otro dice 'la mitad es mía'... Éste agarra tres partes, y éste agarra la cuarta"**. ¿A qué se refieren? ¿Por qué pelean por un *Talit*? Y si uno recibe tres cuartos de eso ¿qué hará el segundo con el cuarto restante del *Talit*? También acá, las palabras tienen un significado interno.

Los cabalistas que también escribieron la *Gemará*, explicaron ampliamente cómo utilizar correctamente las dos fuerzas mencionadas: el deseo de recibir y el de otorgar. En el lenguaje de la *Halajá*, el creado es llamado "*Talit*". Cuando el individuo comienza su camino espiritual, estas dos fuerzas lo "agarran", es decir, lo dominan.

En un momento quiere unirse con el prójimo y otorgar, y de pronto, es dominado por el deseo de recibir, queriendo gozar del prójimo y aprovecharse de él. Pero cuando avanzamos en la espiritualidad, aprendemos a controlar estas dos fuerzas y a determinar en cada situación la correcta y precisa combinación entre ellas, ya sean tres partes, un cuarto o un medio.

El lenguaje de la Hagadá

La siguiente cita es tomada del libro, *Midrash Rabá*: "...**Cuando Rebeca estaba parada al lado del seminario de estudios (Beit Hamidrash), Jacob se disponía a salir... y cuando pasaba por una casa donde se realizaba el trabajo de ídolos, Esaú corría y quería salir**".

Los cabalistas eligieron este lenguaje pintoresco para explicarnos situaciones espirituales que les era difícil describir con los demás lenguajes.

Jacob en este caso, es la fuerza positiva que le ayuda al creado a elevarse al nivel del Creador, y ser quien ama como Él. Esaú, por otro lado, representa la fuerza que al parecer impide que el creado consiga dicha Meta.

Es decir, también en los Midrashim (Interpretaciones de la Torá), cada palabra tiene un significado interno.

En este relato en particular, se explica cómo se puede determinar la relación entre las fuerzas, o sea, cuál de ellas predominará en nosotros. Este ejemplo nos enseña que todo depende de la sociedad en la que elegimos vivir. Hay ambientes que apoyan nuestro avance espiritual, y hay otros que nos alejan de la espiritualidad.

EL LENGUAJE DE LA CABALÁ

El lenguaje más adecuado para nuestra generación es el lenguaje de la Cabalá. Éste se encuentra por ejemplo en los libros: **"Peldaños de la Escalera"** del Rabash, Rabí Baruj Shalom Ashlag, hijo primogénito de Baal HaSulam, el más grande cabalista de nuestros tiempos. Quien estudia Cabalá llega a ver que la Torá habla del Mundo Superior, sobre el amor y la unión entre las almas, y no se confunde pensando que se trata de ética, o de historias de nuestro mundo. Pero el más grande valor que tienen estos libros del Rabash, es que uno puede identificarse con lo que estudia; descubrimos que se trata de nosotros mismos.

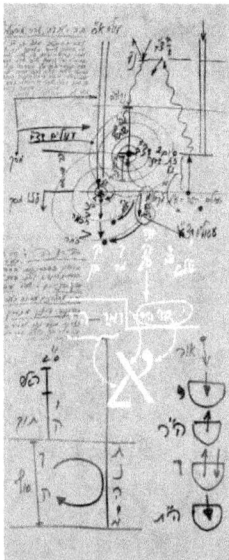

Por ejemplo, dijimos que hay dos fuerzas que ayudan al creado a llegar al nivel del Creador, y nos preguntamos, ¿cómo sería posible que el deseo de disfrutar a cuestas del prójimo nos ayude en el avance espiritual? Rabash explica que cada vez que despierta en el hombre el deseo de aprovecharse del prójimo, este deseo le muestra cuán lejos está de ser como quien da y ama, es decir, como el Creador.

De hecho, esta sensación le ayuda a no mentirse a sí mismo pensando que ya es "un justo absoluto". Y es sólo así que se hace posible llegar a pedirle al Creador que nos ayude a superar ese deseo. Ésta es la esencia de lo que escribieron todos los cabalistas, en los cuatro idiomas.

Rabí Shimon Bar Yojai dijo, "**¡Ay de quien dice que la Torá viene a contarnos simples historias... sino que todos los asuntos de la Torá son cosas elevadas y secretos superiores!**".

125 PELDAÑOS HACIA LA ETERNIDAD Y LA PLENITUD

> **"Mirad, que antes que las emanaciones fueran emanadas y las criaturas fueran creadas, había una sola Luz Superior simple que llenaba toda la realidad".**
>
> *El sagrado Arí, Árbol de la Vida*

Bajamos por 125 peldaños de distanciamiento del Creador. Ahora llegó el momento de subirlos nuevamente y restablecer nuestra relación con Él.

La **"Luz Superior"** (el Creador), tenía el deseo de dar una eterna y total abundancia. Para poder realizar Su deseo de impartirla, creó una criatura con la capacidad de recibir precisamente lo que deseaba darle.

Separación que fortalece

La relación con el Creador es el mayor placer que pueda existir, en el que la criatura está totalmente sumergida experimentándolo, sin independencia alguna. Para que esta criatura pueda adquirir un deseo independiente, libre de la influencia del goce, estableciendo así una verdadera relación con el Creador, es necesario traerla primeramente adonde se encuentre completamente desconectada de Él, del origen de su placer.

Solo así, la criatura es capaz de acercarse al Creador libre e independientemente, como un padre se aleja de su bebé para que éste empiece a caminar de manera autónoma. Por lo tanto, el Creador se aleja de la criatura gradualmente, para darle la posibilidad de llegar por sus propios medios a ser como Él.

La fisura en la relación con el Creador no se produce de golpe, sino, por medio del "descenso gradual" de 125 peldaños, hasta el grado de "este mundo". Cada descenso significa mayor alejamiento del Creador, que sigue creciendo al punto de total desconexión. Esta distancia del Creador puede superarse cuando la criatura decide retornar a Él de manera independiente, ascendiendo los 125 peldaños de la escalera y fortaleciendo su conexión con Él. Al final de ese proceso, adquiere independencia y se fusiona completamente con el Creador.

DE ARRIBA HACIA ABAJO Y DE ABAJO HACIA ARRIBA

El proceso de distanciamiento termina con la ruptura de lo creado, en numerosas partes llamadas "almas". Al término del proceso, estas partes caen en este mundo, el lugar más alejado y externo al Creador.

Este estado, donde la realidad del Creador está completamente oculta a las almas, se llama "el mundo corporal"; tiene como propósito, permitirle al ser humano dar como preferencia el regreso al Creador mientras vive, y dentro de una libre elección.

El ser humano, habiendo atravesado (inconscientemente) un prolongado proceso donde la relación con el Creador fue desvaneciéndose, se encuentra ahora totalmente disociado de Él. Hoy día, sin embargo, estamos situados frente a la elección de comenzar conscientemente el ascenso gradual de retorno a nuestras raíces, hacia el Creador. La sabiduría de la Cabalá, que se está revelando en la actualidad, es el método designado para llevarnos por este camino espiritual, atravesando los mismos 125 peldaños, hasta llegar a la percepción de toda la realidad, el Creador.

Así lo escribe el Rabí Yehuda Ashlag (Baal haSulam) en el artículo, "Esencia de la sabiduría de la Cabalá":

"Esta sabiduría se divide en dos secuencias, paralelas e iguales como dos gotas de agua. La única diferencia entre ellas es que la primera se extiende desde arriba para abajo hacia este mundo, y la segunda, comienza en este mundo y va de abajo para arriba exactamente por las mismas vías y formas que se grabaron en sus raíces cuando aparecieron y se desplegaron desde arriba hacia abajo".

VOLVIENDO A LA ÍNTEGRA REALIDAD

La relación del Creador con la criatura está basada en la relación entre lo interno y lo externo, el Creador siendo lo interno y la criatura, lo externo a Él. De manera similar, se dividen las almas en internas y externas, de acuerdo a la relación y cercanía entre ellas y el Creador.

La parte interna se denomina, "pueblo de Israel" y la parte externa, "naciones del mundo".

Al ser la parte interna, el pueblo de Israel tiene que conducir el proceso de retorno de las almas en su totalidad hacia el Creador. Así lo describe Baal HaSulam:

"Los mundos en general son considerados como *interioridad* y *exterioridad*... la rama que se extiende del interior es el *pueblo de Israel,* que fue elegido como obreros de la corrección y del propósito general, teniendo la preparación necesaria para desarrollarse y crecer hasta el máximo alcance de este propósito universal, y motivar también a las naciones para alcanzarlo" (Artículo, "*Shifjá ki tirash Gvirtá*", del libro *Ohr Habahir*).

Para poder movilizar el proceso, el pueblo de Israel recibió el método de la Cabalá, pero con el transcurso de los años, perdieron el contacto con este método, y sólo unas pocas personas, llamadas cabalistas, lo cuidaron en secreto para poder utilizarlo en un tiempo adecuado. Hoy en día, llegado el momento, la Cabalá se está revelando para que todos los seres humanos puedan regresar por propia elección a la unión completa y eterna con el Creador.

De ahí que el rol de Israel es dar prioridad y elevar la importancia de la interioridad, la espiritualidad y la eternidad, por encima de la exterioridad, la corporalidad y lo efímero. Al establecer dentro de sí mismos la relación correcta entre estos elementos y compartir con el resto del mundo el método para lograrlo, atraerán todos los seres humanos la abundancia Superior, a través de la cual lograremos llegar a una vida plena, eterna y llena de felicidad.

9

LA ÚLTIMA REENCARNACIÓN

"Porque el propósito del alma, al encarnarse, es volver a su raíz y adherirse a Él, mientras se encuentra vestida en un cuerpo, como está escrito: 'Amar al Señor, tu Dios, y seguir Su camino, y observar Sus Mitzvot y adherirse a Él', por lo que se puede ver claramente que este proceso culmina con 'Adherirse a Él', es decir, como era antes que el alma se hubiera vestido en cuerpo.

Baal HaSulam, "Seguir el Camino de la Verdad"

Según la Cabalá, el Creador creó el mundo y todas las criaturas para deleitarlas con el placer de Su Luz y Abundancia. Esta Abundancia, sin embargo, aunque se le esté prometida a todos los seres humanos, se puede alcanzar solamente al igualarnos al Él.

Los cabalistas nos explican que para alcanzar este estado de igualdad, que nos permite experimentar el placer de la Luz del Creador, es necesario involucrarnos en el estudio de la Cabalá que nos lleva por un proceso que gradualmente nos va asemejando más y más a Él. Por lo tanto, tenemos que seguir volviendo a este mundo hasta que alcancemos dicha semejanza, tal como lo explica Baal HaSulam:

"He aquí que se ha hecho saber por los autores y los libros, que el estudio de la sabiduría de la Cabalá es absolutamente necesario para toda persona de Israel... Y aunque uno haya aprendido toda la *Torá*, la *Mishná* y la *Halajá* de memoria –habiendo sido un hombre de virtud, realizando buenos hechos en mayor cantidad que sus contemporáneos–, pero no haya estudiado la sabiduría de la Cabalá, está obligado a volver a reencarnarse en este mundo para estudiar los secretos de la Torá y la sabiduría de la Verdad; lo cual está mencionado en varios *Midrashim* de nuestros sabios". (Baal HaSulam, *"Introducción al libro Pí Jajam"*)

La estructura de la Creación

"Pero se necesita mucha preparación, la de seguir Su camino, y ¿quién conoce las vías del Señor? Pues, éste es el significado de '*Luz compuesta de 613 vías*' que quienes las siguen, logran purificarse, hasta que sus cuerpos dejan de formar una pared de hierro entre ellos y el Señor...", (Baal HaSulam, *"Seguir el Camino de la Verdad"*).

La Luz del Creador llega a nosotros desde el mundo de *EinSof* (Infinidad, en hebreo). Esta Luz se divide en 613 Luces distintas que forman en nosotros 613 deseos correspondientes y adecuados para recibirlas, los cuales se llaman vasijas de recepción.

Cada uno de los 613 deseos, es inicialmente egoísta. Sin embargo, mediante el estudio de la Cabalá, que nos enseña cómo podemos recibir estas Luces, vamos recibiendo toda la Luz que el Creador quiso impartirnos, de modo que terminamos disfrutando, tanto nosotros como el Creador.

Igualarse al Creador

El atributo del Creador es el de dar, y el estado en el que está, es llamado "**El estado perfecto**". El Creador quiere que nos asemejemos a Él, lo cual se alcanza al adquirir Su atributo de otorgamiento, para que podamos, nosotros también, llegar a Su estado de perfección. Por lo tanto, creó en nosotros el deseo de disfrutar, para que queramos ser como Él y disfrutar del mismo placer que Él "experimenta".

Transformarnos de receptores a otorgantes

¿Cómo se transforma un deseo egoísta en altruista?, ¿de un deseo que quiere recibir para sí mismo, como en los seres humanos, a un deseo que quiere otorgar, como el del Creador? Este cambio se llama *Tikkún* (Corrección, en hebreo) o "el cumplimiento de una *Mitzvá* (Precepto, en hebreo)". Esta corrección se hace posible mediante una fuerza especial, una Luz, llamada *Torá*, en la Cabalá.

Mediante las 613 Luces de la Torá, corregimos los 613 órganos espirituales (deseos) que forman nuestra vasija espiritual, llamada "alma". Este proceso nos lleva al nivel del Creador y a llenarnos de Luces. Por consiguiente, llegamos a lo que se refiere en la Cabalá como "Adhesión al Creador", o sea, a sentir el Creador y entenderlo completamente.

CONECTARSE MEDIANTE LA LUZ

La adquisición del atributo de otorgamiento, le permite al hombre vincularse con el resto de las almas. El individuo termina recibiendo no sólo su propia Luz (Luz individual), sino también toda la Luz Infinita, destinada para el total de las almas. Cuando el individuo alcanza el grado del Creador, realiza de hecho el propósito por el que fue creado, y obtiene un total conocimiento, eternidad, tranquilidad y plenitud.

VOLVER A ENCARNARSE

La obtención de este estado perfecto y corregido es la esencia de la Meta de la Creación. Mientras no alcanzamos este estado, seguimos naciendo en este mundo. Esto es así, porque sólo aquí, en este mundo, podemos alcanzar el atributo del Creador, o sea el atributo de otorgamiento.

¿POR QUÉ LA CABALÁ, PRECISAMENTE?

La Cabalá nos enseña cómo corregirnos a nosotros mismos y recibir, como resultado, la Luz y toda la Abundancia que el Creador quiso impartirnos, tal como lo describe Baal HaSulam en su **Introducción al *Libro del Zohar*: "Y ya nos han instruido nuestros sabios, que el Señor no ha creado el mundo, sino, para deleitar a Sus criaturas".**

MOISÉS – EL PASTOR FIEL

Moisés simboliza la fuerza espiritual y el Faraón, la fuerza del egoísmo. La historia del Éxodo de Egipto es más allá que pura historia; es el relato de la lucha de la Luz contra la oscuridad.

Es de noche en Egipto. En las casas de los hebreos hay un silencio total.

El Faraón, Rey de Egipto, ordenó ahogar todos los varones hebreos en el Nilo. Sus emisarios están dando vueltas entre las casas, tratando de captar cualquier ruido sospechoso. Ya son tres meses que Moisés fue escondido y se está haciendo imposible silenciarlo. Mañana, saldrá Miriam al Nilo y lo dejará en la orilla del río, dentro de una canasta de papiro. Entre las cañas observará los acontecimientos, esperando un buen final.

Así, desde la oscuridad y la incertidumbre, se revela el punto más grande de luz en la historia de Israel. Moisés es indudablemente el líder más importante del pueblo judío de todos los tiempos: liberó a los hijos de Israel de Egipto y los condujo hacia las puertas de la Tierra de Israel. Los más grandes gobernantes de todas las generaciones lo consideran el más grandioso de todos, y a su historia y hechos, tan relevantes hoy como nunca, aún 3000 años después.

Según la sabiduría de la Cabalá, hay un gran significado interno y cautivador en la historia de Moisés.

Moisés simboliza la fuerza espiritual en cada uno de nosotros, y el Faraón, la fuerza del ego que domina al hombre y reprime su deseo por la espiritualidad. La Cabalá describe la pugna entre ellos como una feroz lucha interna en el hombre, entre el deseo repentino por la espiritualidad, que va desenvolviéndose paulatinamente, y el ego cruel, depredador, que constantemente reprime el deseo espiritual.

Mientras el Faraón predomina, el hombre permanece en Egipto, pero cuando Moisés gana poder, el hombre logra salir en libertad. Este éxodo de Egipto simboliza la liberación del dominio del ego hacia la libertad. Es la lucha por el "punto de Israel" en nosotros, que determinará la Meta de nuestra vida: perseguir metas físicas y efímeras, en este mundo, o desarrollarnos y descubrir el mundo espiritual.

Primera etapa de la lucha contra el ego

Moisés vivió en el palacio del Faraón como un príncipe egipcio. Recibió honores reservados para hijos de reyes, hasta que un buen día se despertó en él el deseo por la espiritualidad, cambiando su vida completamente.

Este impulso inexplicable empujó a Moisés a dejar el palacio y reestablecer la conexión con sus hermanos, ya que según los cabalistas, cuando despierta el punto espiritual en el ser humano, éste no puede seguir morando donde reina el ego.

El auge de la lucha de poderes

"El Señor le dijo a Moisés: «*Levanta los brazos al cielo, para que todo Egipto se cubra de tinieblas, ¡tinieblas tan densas que se puedan palpar!*»

Moisés levantó los brazos al cielo, y durante tres días todo Egipto quedó envuelto en densas tinieblas" (*Éxodo* 10:21-22).

A partir de esto, Moisés y Aarón se encuentran nuevamente frente al Faraón, demandándole por última vez la liberación de su pueblo. El Faraón, iracundo, amenaza de muerte a Moisés si vuelve al palacio.

Al día siguiente, con el Creador a su lado, Moisés reúne al pueblo hebreo y los egipcios reciben el último y el más doloroso golpe: la plaga de los primogénitos. El Faraón es vencido y los hijos de Israel salen en libertad.

Pero Moisés es el único deseo que siente y conoce el camino, ya que tiene una relación personal con el Creador. Y aunque los demás deseos (los hijos de Israel) están dispuestos –por un solo momento– a escaparse del Faraón, el egoísmo sigue aferrándose a ellos, hasta que finalmente se desligan de su dominio, embarcándose en el sendero hacia el mundo Superior, llenos de alegría y felicidad.

LA ENTRADA A LA ESPIRITUALIDAD

Según los cabalistas, amar al prójimo es la entrada a la espiritualidad. Vivimos en un mundo materialista y competitivo, en el que el hombre es un lobo del hombre, y es precisamente esta época que destaca la gran necesidad de la unión entre las personas.

Los grandes cabalistas esperaron este momento cúspide por miles de años, desarrollando la sabiduría de la Cabalá bajo ocultación, preparándola para nuestra generación. Hoy día, que la Cabalá se está revelando mundialmente como el método de unión, sólo nos queda una cosa: desarrollar el deseo por la espiritualidad en nosotros y hacer uso de este método de corrección del ego. La plena y eterna realidad espiritual está más cerca que nunca de nuestras manos.

HASTA LOS CIENTO VEINTE

Según la Cabalá, el proceso de desarrollo espiritual va en círculos de "40 años", que en *Gematría* (valor numérico de las letras hebreas) equivalen a la letra "*Mem*", la *Sefirá de Biná*. No son años corporales; representan escalones espirituales adquiridos por el individuo.

"40 años" vivió Moisés en casa del Faraón hasta que el deseo por la espiritualidad despertó en él. "40 años" en Midián, le tomó desarrollar este deseo, para poder enfrentar al Faraón (el ego), y "40 años" más condujo

Moisés a los hijos de Israel en el desierto hasta llegar a la Tierra de Israel.

Moisés completó los 120 escalones espirituales, el origen de la famosa bendición: "hasta los 120".

¿Quién es el Moisés de hoy?

El deseo llamado Moisés existe en cada uno de nosotros, y hoy día, tenemos la oportunidad de prestarle atención y permitirle conducirnos a la espiritual "Tierra de Israel". Es decir, llevarnos hacia el mundo espiritual, hacia la Luz. En el momento que lo hagamos, descubriremos una realidad espiritual, plena y eterna, y alcanzaremos la felicidad y la plenitud duraderas.

❧

11

Melodías de los
Mundos Superiores

**El Sagrado ARÍ (Rabí Itzjak Luria)
escribió la letra, Baal HaSulam (Rabí
Yehuda Ashlag) compuso la melodía, y
juntos, estos dos grandiosos cabalistas
nos legaron una manera sublime y me-
lódica de elevarnos a los mundos espirituales... a través de una canción.**

Los cabalistas siempre han escrito letras y compuesto
melodías inspiradas en su profunda unión con el Creador. Las canciones surgen de sus corazones como un to-
rrente de alegría desbordante. Y en verdad, ¿puede existir
una fuente de inspiración musical más excelsa que de
Aquel que da vida a toda la realidad?

Sin embargo, en la sabiduría de la Cabalá, una canción no tiene como finalidad expresar simples impresiones de cercanía con el Creador, aunque es evidente que
ésta es una parte fundamental en ella. Los cabalistas componen canciones de una manera muy especial, evocando

emociones muy individuales en quien las escucha. Por medio de las canciones, los cabalistas esperan ayudarnos a experimentar la espiritualidad. Por este motivo, las componen como una plegaria de corrección, brindándonos una conexión directa e instantánea con la Fuente de la vida.

Un lazo de amor

Cuando un cabalista tiene una experiencia del Mundo Superior, él o ella entran en otra dimensión de la realidad. Pasado, presente y futuro se funden en una sola corriente de vida, y el cabalista experimenta la sensación de todas las almas unidas en el amor eterno de la Fuerza Única que opera y gobierna todo en la vida. Pero sobretodo, el cabalista descubre que alcanzar la realidad espiritual es posible únicamente a través del lazo de amor entre el cabalista y las otras almas. Es por este amor que los cabalistas insisten tanto en compartir sus experiencias espirituales con nosotros. Su único deseo es que nosotros también podamos descubrir y sentir la clase de vida que nos confiere el adherirnos al Creador de la realidad. En sus melodías, ellos llaman a esto "estar colmados con la Luz Superior".

El Sagrado ARÍ descubrió los secretos del Mundo Superior y los plasmó con gran detalle en sus libros, describiendo los mundos, las *Sefirot*, las almas, las fuerzas positivas y negativas. Pero, todos aquellos que no tengan trato alguno con el mundo espiritual, no van a encontrar el sentido de estas palabras. Las personas comunes y corrientes no pueden emocionalmente conectarse con los textos.

Por este motivo, la única manera de *poder* percibir lo que no comprendemos es por medio del corazón, ¿y, qué mejor forma de abrir el sendero al corazón que a través de una canción? Así, los cabalistas con sus letras y melodías trazaron otra entrada para experimentar la plenitud y eternidad de la realidad espiritual. Es por eso que, junto a los libros complejos que escribieron, ambos, tanto el ARÍ como Baal HaSulam nos bendijeron con sus canciones y música.

DE LA MELODÍA AL CORAZÓN

Baal HaSulam, el más grande cabalista de nuestros tiempos, nos dejó un regalo muy especial. Además de su vasta obra literaria –El *Sulam* (Escalera), el comentario sobre el *Libro del Zohar*, *El Estudio de las Diez Sefirot* y otros trabajos prodigiosos, compuso música para acompañar cada uno de los poemas del ARÍ. Debido a que Baal HaSulam alcanzó el mismo nivel espiritual que el ARÍ, tuvo

la capacidad de componer melodías que estuvieran en perfecta armonía con las palabras del ARÍ, haciendo resaltar tanto la letra que escribió uno como la música que compuso el otro. Gracias a su obra, la inspiración del ARÍ se impregna en el corazón y suavemente sana nuestra alma. Cada vez que escuchamos las canciones, las letras y las melodías tocan las cuerdas de nuestra alma, afinándolas para alcanzar la Meta de la perfección.

Aunque todavía no hayamos alcanzado la corrección de nuestra alma, siempre podremos sentir las profundas emociones expresadas en las canciones. Si nuestro deseo es experimentar la misma sensación que el cabalista pudo haber sentido mientras componía estas canciones, lograremos sumergirnos al menos hasta cierto punto, en el estado sublime descrito en la música. Así, ese estado más elevado va a "brillar" sobre nosotros, a lo cual los cabalistas llaman "La Luz Circundante", una fuerza especial que nos reforma y nos ayuda a conectarnos con el Mundo Superior. Gradualmente, la Luz Circundante nos deja entrar a ese estado perfecto, la raíz de donde llegó nuestra alma a este mundo.

Una vez que alcancemos este estado plenamente, la letra y la música nos irán envolviendo como lo hace la Luz Circundante y llegaremos a la Meta de nuestra vida: **Adherirnos a la Fuerza Superior, al Creador**. Y todo lo que tenemos que hacer para que esto ocurra es escuchar con el corazón abierto.

❦

VIII

El Zohar

(Libro del Esplendor)

El comienzo
del Libro del Zohar

PRIMERA PARTE

"Rashbí se sentía apenado. Por un lado, si no divulga los secretos de la Torá, éstos les faltarían también a los sabios verdaderos, devotos de Dios; y por el otro, si revela los secretos, desviarán a las personas que no están listas, ya que no podrán entender las cosas desde su raíz, y terminarían ingiriéndolas en ciernes: Es por ello que Rashbí escogió a Rabí Aba para escribir, por su sabiduría en la obra de interpretación, para arreglar las cosas de tal manera que sean lo suficientemente reveladas a todos aquellos que sean dignos de entenderlas, y [al mismo tiempo], cubiertas e inescrutables para aquellos que no lo sean..."

Rabí Yehuda Ashlag,
"Prefacio Exhaustivo del Libro El Árbol de la Vida", ítem 1

Lugar: Monte Merón - Tiempo: Siglo II ec

Años de turbulencia; guerras sangrientas estallan por todas partes del mundo. La vida humana pierde todo valor, y el poder, la fama y las posesiones predominan.

En ese entonces, en una cueva tenebrosa y estrecha al Norte de Israel, están reunidos diez cabalistas, escribiendo un libro sobre la eternidad y el amor universal.

Rabí Shimón Bar-Yojai, preside. Su rostro iluminado mientras revela los misterios del Mundo Superior a sus discípulos. Se dirige a ellos con mucha calma, cariño y amor.

Rabí Aba está sentado a su lado. Gotas de sudor corren por su frente mientras escucha atenta y temblorosamente lo que se está diciendo, tomando notas meticulosamente, y esforzándose para no perderse ni una palabra.

Los demás discípulos a su alrededor están con los ojos cerrados y en un silencio total, absorbiendo con gran añoranza las palabras del *"Luminar"*, atesorando el enaltecimiento interno que están experimentando.

De esta manera, en la tiniebla de la noche, una y otra letra, palabra tras palabra, toma forma el libro más profundo y recóndito de la Cabalá: *El Libro del Zohar* (Libro del Esplendor).

La historia del *Libro del Zohar* comienza en una cueva pequeña y oscura en Pequiín, en la Galilea occidental, hace casi 2.000 años atrás, en donde Rabí Shimón Bar-Yojai y su hijo Rabí Eleazar están refugiándose del Emperador Romano.

Trece años se quedan allí, preparándose para la composición de la obra destinada a cambiar el rostro de la historia. Día y noche se sumergen en los secretos del Mundo Superior. Se elevan a los más altos niveles espirituales, esclareciendo lo destinado a ser documentado posteriormente en el Libro del Zohar. Una sola meta llena su mente y corazón: revelar al mundo los secretos de la Creación; ha llegado el momento.

Los años pasan rápidamente, y al completar su preparación, salen Rabí Shimón y su hijo de la cueva. Rashbí sabe, sin embargo, que para poder escribir el Libro del Zohar, tendrá que juntar varios discípulos a su alrededor, junto a los cuales será capaz de **hacer descender** la Luz Superior al mundo, ya que él mismo, al haber alcanzado el más alto nivel espiritual, perdió la habilidad de explicar sus descubrimientos en un lenguaje común.

Así va juntando varios discípulos, de los más grandes cabalistas que hubo en aquel tiempo, y fija su lugar de estudio en una pequeña cueva en la Galilea con vista de la ciudad de Safed.

Al unirse entre sí, crean una estructura espiritual común mediante la cual logra Rabí Shimón descender la Luz Superior hacia el mundo. Nueve discípulos más el Rashbí son diez: **Diez cabalistas correspondientes a las Diez Sefirot**. Pero sus palabras son tan elevadas, tan sublimes y recónditas; ¿cómo podrá transmitirlas a otras personas?

REVELAR EN OCULTO

"Y así es como los voy a ordenar, Rabí Aba escribirá y Rabí Eleazar, mi hijo, lo expresará oralmente, y el resto de los amigos hablará dentro de su corazón..." (*Libro del Zohar* con el Comentario *Sulam*, *Parashát Haazinu*).

Entre todos los discípulos de Rabí Shimón Bar-Yojai, había un cabalista de talento excepcional. Se llamaba Rabí Aba. Era el único que sabía cómo tomar notas de las palabras de su mentor, de manera que quedaran reveladas y ocultas, al mismo tiempo. Las escribió de tal manera que el que esté lo suficientemente maduro, entienda las cosas enteramente, y los que aún no estén listos, se imaginen nomás su capa externa.

El libro del Zohar se refiere a este talento especial como **"Revelar en Oculto"**. Mil ochocientos años después, escribió Baal HaSulam acerca de esto: **"Rabí Aba sabía cómo arreglar las cosas de manera que quedaran lo suficientemente reveladas a los que fueran dignos de comprenderlas, pero permaneciendo cubiertas y selladas a los que no lo fueran"** (Prefacio Exhaustivo al Libro *El Árbol de la Vida*, ítem 1).

El libro del Zohar, el **Libro de los libros de la Cabalá**, se revela al mundo, en aquel entonces, por primera vez, y se oculta de inmediato por sus autores. La razón: la generación aún no estaba preparada para que fuera revelado entre las masas, ya que las personas estaban sumergidas en la búsqueda de lo material.

"Este libro", les dice Rabí Shimón a sus discípulos, **"se revelará solamente en la generación en la que las personas se desesperen del desarrollo material egoísta, por lo que desearán entonces, descubrir el significado verdadero de la vida. Su rol [del Libro] será concluir la era de la tiniebla espiritual, la era del exilio"**.

EL COMIENZO DEL LIBRO DEL ZOHAR

SEGUNDA PARTE

¿Cuál es la clave con la que podremos penetrar los misterios de El Libro del Zohar?, ¿cómo podremos descubrir el tesoro que han imbuido en él Rabí Shimón Bar-Yojai y sus discípulos?

¿QUIÉN ERES, LIBRO DEL ZOHAR?

Muchos libros se han escrito antes y después de *El Libro del Zohar*, pero ninguno se iguala a éste en el poder espiritual oculto en él. Describe la realidad espiritual plena y eterna que existe más allá de los límites del tiempo

y lugar. Sin embargo, "**Nuestro lenguaje humano es demasiado pobre como para poder proporcionarnos una
expresión suficiente y fiel para interpretar plenamente
incluso el mínimo detalle de este libro**", escribe Baal Ha-
Sulam (Rabí Yehuda Ashlag).

Siendo así, ¿cuál es la clave con la que podremos penetrar los misterios de *El Libro del Zohar?*, ¿cómo podremos
descubrir el tesoro que han imbuido en él Rabí Shimón
Bar-Yojai y sus discípulos, especialmente para nosotros?

Baal HaSulam nos proporciona el método: "**Para poder entender las palabras del sagrado *Libro del Zohar*,
uno debe estar depurado del amor propio. En tal medida se hace posible entender la verdad de lo que quiere
expresar *El Zohar*. De no ser así, hay *Klipot* (cáscaras, en
hebreo) que ocultan y tapan la verdad que se encuentra
en las palabras de *El Zohar***", (*Shama'ti*, "Para entender las
palabras del sagrado *Zohar*").

Los cabalistas son personas que han alcanzado la Fuerza Superior, de amor y otorgamiento. En sus libros, describen lo que han descubierto en el Mundo Espiritual. Sin
embargo, sólo una persona que ha logrado sentir esa fuerza
puede entender lo que escribieron; sólo ante ellos se abren
las cerraduras de *El Libro del Zohar*, revelándoles la Luz.

El que alcanza dicha sensación, de amor y otorgamiento, asciende por una escalera de 125 escalones espirituales, descubriendo el presente, el pasado y el futuro.
Es entonces que uno entiende que *El Libro del Zohar* se

encuentra encerrado solamente ante quien tiene el corazón lleno de amor propio, lleno de egoísmo.

Para la persona cuyo corazón está abierto hacia los demás, sin embargo, funciona como un mapa que la guía por el trayecto del Mundo Espiritual, hacía le eternidad y la plenitud.

Lugar: Valladolid - Tiempo: Casi mil años después de escribirse El Libro del Zohar

Ya son dos noches que Rabí Moisés de León no duerme. Está en su escritorio, inclinado, sobre un manuscrito antiguo que ha llegado a sus manos fortuitamente, asombrado de la inmensa fuerza espiritual que brota de las palabras. "Estos escritos fueron elaborados por autores de gran espíritu", se dice a sí mismo, "sus palabras tan sublimes e inescrutables...si se publican serán interpretadas erróneamente, las personas no las captarán...no cabe duda que la humanidad aún no está lista para divulgarlas...".

Unos años después de su muerte, a principios del siglo XIV, se revela el libro a todos. Su viuda, en uno de los peores inviernos de España, tuvo que vender los manuscritos de Rabí Moisés de León, inadvertida de su valor, para conseguir un poco de comida para ella y su hija. Unos mil años después que Rabí Shimón Bar-Yojai y sus discípulos lo ocultaron, el libro misterioso nuevamente se revela al mundo, haciéndose accesible al público.

Sin embargo, su revelación no despierta gran interés. Permanece sellado y encerrado ante las masas. Pocas personas lo estudian, lo entienden o le atribuyen algún valor.

El libro se traslada de ciudad en ciudad, de cabalista en cabalista. En aquellos tiempos, sólo los más grandes cabalistas estudian de él. Se levantan a la media noche, prenden una vela y cierran las ventanas para que no se oiga su voz.

Lo abren con gran reverencia, tratando de comprender la realidad oculta de nuestros sentidos. Lo hacen a puerta cerrada, saben que aún no ha llegado el momento. La humanidad tendrá que esperar unos siglos más para estar lista y descubrir los secretos de *El Zohar*; nuestra época.

Llegó el tiempo de revelar

El siglo XX se avecina y el mundo entra en un torbellino. Un desarrollo tecnológico sin precedentes, revoluciones, dos guerras mundiales y exterminio de naciones enteras, son sólo parte de las sacudidas experimentadas en menos de una centuria.

Hacia mediados del siglo XX, la humanidad se encuentra en un punto sin retorno, se necesita un cambio esencial. Aún inconsciente de ello, el mundo necesita un método, un alma especial que explique las razones de los acontecimientos, que dirija y conduzca...y es precisamente entonces que se revela.

El alma de Rabí Shimón Bar-Yojai desciende nuevamente a este mundo, a través del más grande cabalista de nuestra generación, Rabí Yehuda Ashlag, Baal HaSulam. Actúa contra reloj, sabe que la humanidad es capaz de transformarse sólo si evoluciona hacia el próximo grado, el nivel espiritual. La preocupación por el futuro de la humanidad llena su mente y corazón, y no le da tranquilidad, "hay que hacer algo", se dice a sí mismo, "ya llegó la hora de proporcionar una solución, de desarrollar un método".

"Entonces tomé la decisión. Sea lo que sea, aún si tengo que bajar de mi alto nivel, tengo que volcar mi corazón y suplicarle al Señor ardientemente, que me imparta la capacidad... de ayudar a los desafortunados hijos del mundo, y elevarlos hacia los niveles del conocimiento y deleite..."

Baal HaSulam, "La Profecía de Baal HaSulam"

Con la determinación típica de los más grandes cabalistas que lo preceden, se pone a trabajar, convencido que ha llegado la hora de revelar la Cabalá al mundo. Tiene una sola preocupación. Habiéndose elevado hacia la cima de la escalera espiritual, alcanzando todos los secretos ocultos en *El Libro del Zohar*, ha perdido la capacidad de escribir en un lenguaje común...su nivel espiritual es tan elevado que hasta se ha desprendido completamente de este mundo. ¿Cómo podrá ser comprendido por las personas?

EL COMIENZO DEL
LIBRO DEL ZOHAR

TERCERA PARTE

"Veo con gran importancia la culminación de las obras del Rav Ashlag... siempre lamentaba que no hubiera una traducción al hebreo de El Libro del Zohar...de este gran libro que ocupa un lugar tan significativo en la vida espiritual de nuestro pueblo".

David Ben-Gurión, Archivo de Correspondencias, 6.1.1960

Corriendo contra reloj, construye Baal HaSulam (Rabí Yehuda Ashalg, 1884–1954) la escalera que conducirá a la humanidad hasta los cielos, hacia la eternidad y la plenitud.

"Y nombré la interpretación 'Escalera' para indicar que el rol de mi explicación es como el de cualquier escalera, en donde si tienes una cumbre llena de todo lo mejor, no te falta nada más que una Escalera por la que podrás subir y obtener todo lo mejor del mundo".

Rabí Yehuda Ashlag, "Introducción a El Libro del Zohar", ítem 58

Baal HaSulam era uno de los más grandes cabalistas en la historia de la humanidad. Un alma especial que descendió a nuestro mundo, para traernos la sabiduría de la Cabalá y acercarnos hacia la paz y la plenitud.

"Encontré una gran necesidad de derrumbar una pared de hierro que ha estado separándonos de la sabiduría de la Cabalá, desde los tiempos de la *Destrucción del Templo* en adelante, hasta nuestra generación", escribe Baal HaSulam en el comienzo a su "Introducción al Estudio de las *Diez Sefirot*".

Baal HaSulam se embarca en la misión de su vida. Toma el Libro de los libros que compuso Rabí Shimón Bar-Yojai y crea la más extensa interpretación sobre *El Libro del Zohar*: **El Sulam** (Escalera, en hebreo). Trabaja 18 horas por día, sin permitirse descansar, ya que su misión es demasiado importante como para estar pensando en sí mismo. *"El tiempo es corto y hay mucho que hacer...tengo que lograrlo...mucho depende de ello...tengo que alcanzar..."*, se dice una y otra vez a sí mismo.

Y de hecho, fue el primero que interpretó todo *El Libro del Zohar* y los escritos del Arí. Fue el primero que adaptó la sabiduría ancestral de la Cabalá para las masas; el primero que sacó a la luz un periódico cabalista propagándolo por todo el país por pura preocupación por el futuro del pueblo. Es esta preocupación la que determinó por completo el rumbo de su vida.

Además de los libros, los artículos y el periódico, Baal HaSulam se encuentra también con los líderes del pueblo, como Zalman Shazar, Haim Arlozorov, Yaakov Hazan, Haim Nahman Bialik y otros, dispuesto a explicar la Cabalá a cualquier persona que estuviera interesada en escuchar.

A fines de 1940's, se reúne también con David Ben-Gurión, el cual escucha atentamente las palabras de este hombre inspirado. *"David"*, le dice todo emocionado, *"la única manera en que podríamos establecer aquí una nación independiente y feliz, es si supiéramos cómo encender nuevamente el amor natural imbuido en nosotros... tenemos que asegurar que cuando se establezca aquí una nación, sus ciudadanos se preocupen el uno del otro. Es solamente de esta manera que tendremos una base natural y segura para construirnos y seguir nuestra existencia como nación"*.

Ben-Gurión, por su lado, escribe en una carta de 1960: "Veo con gran importancia la culminación de las obras del Rav Ashlag... todo el tiempo lamentaba el que no hubiera una traducción al hebreo de *El Libro del Zohar*...de este gran libro que ocupa un lugar tan significativo en la vida espiritual de nuestro pueblo", (Archivo de Correspondencias, 6.1.1960)

Sus ideas, percibidas como revolucionarias por varios de sus contemporáneos, empiezan a cobrar forma. El trabajo que le espera no es fácil, tiene que quitar las paredes divisorias, erradicar la ignorancia y refutar las supersticiones que se han asociado con la Cabalá a través del tiempo. Pero encima de todo, tiene que crear un método para el desarrollo espiritual, que sea adecuado para cualquier persona de nuestra generación.

Baal HaSulam sabía que nuestro mundo es activado por la Fuerza Superior y que la única manera de lograr algún cambio es la diseminación de la sabiduría de la Cabalá, la cual explica sobre el Sistema Gobernante de esta Fuerza. Tenía la esperanza, que mediante la difusión, lograríamos cambiar nuestro destino hacia el bien, habiendo tomado en cuenta que ya había llegado la hora de hacerlo.

Así como lo hizo Rabí Shimón Bar-Yojai en su tiempo, Baal HaSulam se embarca en esta misión, trabajando con el resto de sus fuerzas pese a un reumatismo incapacitante, y su sueño, finalmente empieza a tomar forma; la Cabalá se hace accesible para todos, sin precondiciones, y Baal HaSulam logra cumplir su misión.

"Sólo mediante la diseminación de la sabiduría de la Cabalá entre las masas, lograremos alcanzar la completa redención", enfatiza Baal HaSulam. **"Y por lo tanto, tenemos que establecer escuelas y crear libros para acelerar la propagación de esta sabiduría en la vastedad de la nación"**, (Baal HaSulam, "Introducción al libro *El Árbol de la Vida*", ítem 5).

Baal HaSulam interpreta y aclara todas las palabras de Rabí Shimón Bar-Yojai y se convierte así en un vínculo, un canal de vida que nos permite conectarnos con los escritos de los cabalistas.

Este gran hombre conduce una revolución espiritual cuyos frutos obtenemos nosotros, hoy día. Gracias a él, el círculo iniciado por Rabí Shimón Bar-Yojai y sus discípulos se ha completado.

El libro, que fue sellado con miles de cerraduras por Rabí Shimón, se abre para todos con la única llave que existe: la interpretación *Sulam* a *El Libro del Zohar*.

Todo lo que nos falta es tomarlo en nuestras manos y subir juntos por la escalera que conduce hacia la espiritualidad, hacia los maravillosos secretos, ocultos en *El Libro del Zohar*.

EL LIBRO DEL ZOHAR

PRIMERA PARTE

El Libro del Zohar, es la obra más importante entre todos los libros de la Cabalá, y la más recóndita y misteriosa de todas. Y aunque haya quienes piensen que aún no ha llegado el tiempo de revelarlo, hoy día estamos descubriendo que este libro, escrito hace 1.800 años, fue de hecho, destinado para nuestra generación. Baal HaSulam (Rabí Yehuda Ashlag) abre nuestros ojos y corazones a esta obra fascinante.

Desde la alborada de la humanidad han surgido en cada generación, personas especiales, cabalistas, que lograron ascender los escalones espirituales, y llegaron a la máxima conexión con la Fuerza Superior, el Creador. Por consiguiente, alcanzaron la comprensión que la realidad en su totalidad, desde los más altos Mundos Espirituales y hasta nuestro mundo, se basa en el amor y el otorgamiento. Sintieron que no hay nada en el mundo aparte de esta fuerza, y que todo lo que sucede en la realidad ocurre con el solo objetivo de traer a toda la humanidad a vivir en esta sensación.

Los cabalistas encontraron respuestas a las interrogantes que tuvieron a lo largo de sus vidas: **¿para qué vivimos?, ¿cómo está hecho el mundo? y ¿cómo podemos influenciar nuestro destino?** Sus logros fueron documentados en las obras famosas de la Cabalá: *El Ángel Raziel, El Libro de la Creación, El Árbol de la Vida* y otros.

Entre estos, se destaca la obra más profunda y trascendental de la sabiduría de la Cabalá: el *Libro del Zohar*, que fue escrito por el gran cabalista **Rabí Shimón Bar-Yojai**, el **Rashbi**.

"La profundidad de la sabiduría existente en el sagrado Libro del Zohar está cerrada y encerrada bajo mil llaves".

Rabí Yehuda Ashlag, "Introducción al Libro del Zohar", ítem 1

El Zohar habla sobre el sistema de Gobierno Superior que está oculto de nosotros: de qué mundos espirituales y fuerzas poderosas consta este gran sistema, cómo influye al mundo el involucrarse en esta sabiduría, de qué forma se descuelgan y descienden todos los acontecimientos desde el Mundo Superior hacia el nuestro, y qué tipo de formas y vestiduras adoptan.

Lo que más distingue este libro de los demás, es el hecho que no fue escrito para su generación, sino que fue destinado desde un principio para la generación que existiese 2.000 años después: la nuestra.

Desvelando todas las ocultaciones

El siglo XX trajo consigo los más grandes avances de desarrollo humano. Estos cambios dieron nacimiento, más que nunca, a la necesidad de elevarse espiritualmente, y abrieron el paso para la nueva etapa, la cual fue indicada por los más grandes cabalistas en todas las generaciones.

> *"Nuestra generación está, de hecho, a las puertas de la redención, si sólo supiéramos cómo diseminar la sabiduría de lo oculto entre las masas".*
>
> Rabí Yehuda Ashlag, "Shofaró shel Mashiaj"

Es posible que nos parezca que nada ha cambiado, y que quizá no sería aún el tiempo adecuado para involucrarse en ella, pero los grandes cabalistas dicen lo contrario. Nos enseñan que en nuestros tiempos, no sólo es posible y permitido, sino que es incluso nuestro deber.

En el Libro del Zohar está escrito (Vayera, pág. 117) que la sabiduría empezaría a propagarse entre las masas, desde el año 1840. El **Gaón (Genio) de Vilna** escribió en su libro *Kol HaTor* (siglo XVIII), que el proceso comenzaría en 1990. Es más, escribió que **"La redención depende principalmente del estudio de la Cabalá"** (*"Even Shlomo"*, 11:3).

También el **Rav Kuk**, un gran cabalista y primer Gran
Rabino de Israel, explicó que "las más grandes interrogantes espirituales que solían esclarecerse sólo por los
grandiosos y exquisitos, deben ser resueltas, hoy día, en
grados distintos, para toda la nación". (*"Eder HaYakar ve
Ikvei HaTzon"*, pág. 144)

El **Rav Yehuda Ashlag (Baal HaSulam)**, el más grande cabalista de nuestra generación, fue el que interpretó
las palabras de todos sus antecesores y las hizo realidad. Él
vio que había llegado la hora de permitirle a todo aquel
que quisiera, estudiar y entender el Libro del Zohar, a
fin de que toda la humanidad pueda también elevarse,
y alcanzar el Mundo Espiritual por sí misma. Con este
propósito, tomó la decisión de dedicar su vida entera a la
creación de una interpretación general, explícita, precisa
y metódica de esta obra.

Baal HaSulam aspiraba remover todas las ocultacio-
nes y cerraduras de este libro para adaptarlo a todas las
almas de nuestra generación. En la introducción que preparó para el *Libro del Zohar*, explica por qué lo hizo: "y
**nombré este comentario, HaSulam (La Escalera), para
indicar que mi rol en esta interpretación es como el de
cualquier *escalera*, en donde si existe una cumbre llena
de todo lo mejor, no te falte nada más que una escalera
para subirla y alcanzar lo mejor del mundo**" (Ítem 58).

La *Interpretación de la Escalera* que creó, fue destinada
a permitirle a cualquier persona llegar al escalón espiritual que le permita profundizar en el *Libro del Zohar* y
sentirlo en su corazón.

EL LIBRO DEL ZOHAR

SEGUNDA PARTE

"En esta introducción quisiera aclarar algunos asuntos que son al parecer simples. Es decir, temas que cada uno maneja y sobre los cuales mucho se ha escrito en el intento de clarificarlos. Y aún así, no hemos alcanzado un conocimiento concreto y suficiente de ellos".

Rabí Yehuda Ashlag, Baal HaSulam,
"Introducción al Libro del Zohar", ítem 1

INTERROGANTES ESENCIALES
ACERCA DE LA REALIDAD

Baal HaSulam vio con gran importancia el acercar el *Libro del Zohar* a nosotros, por lo que además del *Sulam* (escalera), el docto comentario que creó, elaboró una profunda, comprehensiva y accesible introducción, en la que nos lleva de la mano en el trayecto del maravilloso desarrollo espiritual que atravesará cualquier persona en su camino hacia el alcance de la conexión con la Fuerza Superior. Es por esto que abre su introducción con las preguntas básicas que nos acompañan a todos nosotros a lo largo de nuestras vidas, y concluye con la correcta actitud interna que debemos adoptar para embarcarnos en el ascenso por la **escalera espiritual.**

Las preguntas que hace Baal HaSulam al comienzo de su introducción son un resumen de todas las interrogantes que se ha hecho la humanidad en todas las generaciones: **¿Cuál es nuestra esencia?** **¿Cuál es nuestro rol en esta larga cadena de la que somos parte?** Estas preguntas incorporan muchas más como por ejemplo, **¿qué es lo que debemos hacer con nuestras vidas?**, **¿cuál es el propósito de la existencia?**, **¿por qué nos sentimos mal?**, **¿cómo podemos llegar a ser felices?**

Al profundizarse en esta introducción, el lector reflexiona más y más sobre estas interrogantes y las resuelve. Aprende a dirigirse, paso a paso, a encontrar un mejor balance entre la parte interna y externa de su vida.

El Rav Ashlag nos enseña que **Interioridad** significa conexión, relación con la Fuerza Superior, que se alcanza a través del estudio de la Cabalá. Y en contraste, la **Exterioridad** simboliza todo lo que nos aleja de aquella Fuente que nos imparte todo lo mejor en la vida, aquella Fuerza Superior.

A continuación, nos explica Baal HaSulam, que cuando uno se sumerge más en el estudio de la Cabalá, a través de las fuentes auténticas, se arregla mejor en la vida y atrae abundancia desde lo Alto, que cumple todos sus deseos.

"ACELERAR LA PROPAGACIÓN DE LA SABIDURÍA EN LA VASTEDAD DE LA NACIÓN"

Todos los cabalistas aguardaron el día en el que la humanidad iba a poder descubrir todas las maravillas que ellos mismos alcanzaron mediante el estudio de las obras que nos han legado, la conexión con la

Fuerza Superior. Este día ha llegado ahora, en nuestra generación.

En su introducción y su comentario al *Libro del Zohar*, Baal HaSulam nos lanza una tabla de salvación y al hacerlo, nos allana el camino hacia un futuro mejor. Baal HaSulam interpretó muchos libros más de los que hasta entonces estaban **"cerrados bajo mil llaves"** para quienes no eran cabalistas, como los escritos del **Arí**. *El Zohar* "habla" en imágenes y parábolas. Aquellos que lo interpretan conocen lo que están leyendo, y qué es lo que el texto quiere decirles. Cualquier persona que logre el mismo nivel, también comprenderá lo que está escrito allí.

Está diseñado de tal manera que sólo aquellos que han alcanzado cierto nivel espiritual descubren lo que hay en él. Antes de eso, uno puede leer y beneficiarse de la fuerza espiritual del libro, pero es extremadamente difícil conectarse con lo que está escrito en *El Zohar*. Solamente aquellos hayan alcanzado altos niveles espirituales pueden en verdad acercarse a su significado.

La persona misma tiene que estar en alcance completo en cada grado de todos los 125 niveles espirituales, y entonces, *El Zohar* brillará, tal como su nombre lo indica: "*Sefer ha Zohar*" ("El Libro del Esplendor").

Por otro lado, las generaciones son cada vez más dignas de descubrir los secretos que guarda el libro. Lo que fue escrito y oculto por Rabí Shimón Bar Yojai, fue descubierto más tarde por la generación de Rabí Moshé de

León y luego por la del Arí. Estos escritos también fueron guardados y redescubiertos a su debido tiempo.

Los cabalistas saben que la revelación de *El Zohar* requiere de dos condiciones: el momento adecuado y la madurez del alma. Y hoy día, somos testigos de un suceso único, caracterizado por el surgimiento de una nueva era en el estudio de la Cabalá.

En todos sus libros enfatiza Baal HaSulam, inequívocamente, que la clave de una vida plena y feliz para toda la humanidad radica en hallar el balance apropiado entre la interioridad y la exterioridad. Por lo que nos llama a todos nosotros a dar el paso decisivo en nuestras vidas a la interioridad, o sea, a la Sabiduría de la Cabalá.

Baal HaSulam no se satisfizo con esto solamente, sino que exigía cuando quiera fuera posible "**crean libros para acelerar la propagación de la sabiduría en la vastedad de la nación**". Lo hizo porque sabía, de hecho, que sólo la Sabiduría de la Cabalá podría elevar a toda la humanidad por la Escalera Espiritual hacia el nivel eterno de la existencia.

❧

IX

Grandes
Cabalistas

Libro, Autor y Relato en la Cabalá

Sobre la relación entre "El cuento interminable"– "Alicia en el país de las maravillas" y los libros de Cabalá, y sobre la fina distinción entre fantasía y realidad...

Hay un cuento infantil que se trata de un niño que había encontrado un libro antiguo en una librería pequeña y abandonada. Una fuerza oculta lo atrajo al libro, le hizo agarrarlo en sus manos y salir huyendo. Apresurándose a su casa, se encierra en su cuarto, se acuesta en la cama, abre el libro y comienza a leerlo. Entre las hojas del texto se encuentra con una aventura maravillosa. Absorto en el libro, se identifica con los héroes del cuento, imaginándose el panorama y efectivamente "viviendo" lo que está leyendo.

Aunque parezca sorprendente, nuestro sendero espiritual es muy parecido a esta historia, y también tiene que ver con la lectura de libros antiguos y maravillosos.

Imaginar y experimentar
la historia de nuestra vida

Los cabalistas son personas que han logrado penetrar los "bastidores" de nuestro mundo y descubrir las fuerzas que lo activan. Ellos entendieron las razones de todos los acontecimientos de nuestra vida, descubrieron qué nos espera en el futuro y experimentaron las más bellas sensaciones posibles de un ser humano. Sus descubrimientos maravillosos y el camino que atravesaron, son descritos en sus libros especialmente para nosotros, para que también podamos experimentar las mismas sensaciones y emociones.

En sus libros describen al "Autor", quien "escribe" el libro de nuestra vida. Los cabalistas vieron hacia dónde nos conduce, para qué propósito, y abrieron un paso a través del cual podemos nosotros penetrar el relato igualmente, e influenciar la trama de nuestra vida.

Los libros comunes que conocemos nos cuentan sobre acontecimientos de este mundo. Los libros de Cabalá, sin embargo, nos describen un mundo extraordinariamente maravilloso e inigualable a cualquier otro, el Mundo Superior.

A través de las frases, palabras y letras, nos envuelven los cabalistas en un mundo espiritual, así como en el cuento de "Alicia". Es esta la insólita característica del libro cabalista, que tiene la capacidad de transportar el lector al plano del que habla, a aquel Mundo Espiritual.

No es así nomás que se solía referir a sus libros como *"Meguilot"* (pergaminos, en hebreo), ya que vienen de la palabra *"Gilui"* (descubrimiento, en hebreo). Esa era su manera de indicarnos el objetivo principal del libro: descubrir cómo llegar al tesoro escondido en él, es decir, el camino hacia una vida plena y perfecta.

DE UNA FANTASÍA A UNA REALIDAD CONCRETA

Uno seguramente se hace preguntas en este punto, pues bien, queremos embarcaros en este camino hacia la felicidad, pero ¿cómo se hace?, ¿cómo se descubre?, ¿tenemos que leer libros de Cabalá y ya? Pues, no exactamente.

Para poder adentrarnos en la trama, se requiere un pequeño detalle adicional, pequeño pero imprescindible, llamado, "voluntad o deseo". Para que el libro de Cabalá nos lleve a aquellos lugares mágicos a los que llegaron los cabalistas, tenemos que **querer** llegar allí. Si nos involucramos en la lectura de los libros auténticos de Cabalá, con un deseo verdadero de llegar a la felicidad que nos espera en el Mundo Espiritual, comenzaremos a sentirlo, paulatinamente; el libro lo hará por nosotros.

Parece un poco complicado, pero en su artículo, "Introducción al Estudio de las Diez Sefirot", nos explica Baal HaSulam, cómo esto sucede: **"... hay una virtud maravillosa e invaluable para los que se ocupan de la sabiduría de la Cabalá; y aunque no entiendan lo que estudian, a través del gran deseo y anhelo de entender lo que estudian, despiertan hacia sí mismos, las Luces que circundan sus almas...**

"Por consiguiente... cuando uno se involucra en esta sabiduría y menciona los nombres de las Luces y vasijas que tienen relevancia a su alma, éstas le iluminan en cierta medida. Sólo que le iluminan sin vestirse en el interior de su alma, ya que le faltan las vasijas necesarias para recibirlas.

"No obstante, la iluminación que recibe una y otra vez mientras lo hace, le atrae gracia desde los cielos y le abunda pureza y santidad que lo acercan considerablemente a su culminación", ("Introducción al Estudio de las Diez *Sefirot*", ítem 155).

Baal HaSulam nos explica que en los libros de Cabalá hay una fuerza especial que fue descubierta por los cabalistas en el Mundo Espiritual. Cuando uno lee estos libros con el deseo de identificarse con lo que escribió el autor, esta fuerza comienza a acercarlo, de hecho. Al igual que el niño que "vive" el cuento que lee en el libro de niños, nosotros también nos adentramos en el relato y lo "vivimos".

Es entonces que se abre y se revela nuestro futuro ante nosotros, pero esta vez ya no es una fantasía, sino una realidad verdadera.

Los libros que han elaborado los cabalistas funcionan como la punta del hilo, una convocatoria a embarcarnos en el sendero hacia un mundo encantador, y descubrir el tesoro imbuido en él.

❧❦

Rabí Isaac Luria Ashkenazi
- El Sagrado Arí -

En el lapso de apenas un año y medio, Isaac Luria (el Sagrado ARÍ) revolucionó la Cabalá haciéndola accesible a todos. Desde esa época, su "Cabalá Luriánica" ha llegado a ser la metodología predominante en el estudio de la misma.

La vida de Rabí Isaac Luria (El Sagrado ARÍ), –el cabalista más importante del siglo XVI, y uno de los más influyentes personajes en la historia y evolución de la sabiduría de la Cabalá– está envuelta en misterio y leyendas.

Nació en Jerusalén en 1534 y falleció a la temprana edad de treinta y ocho años, tras caer enfermo por una epidemia en el verano de 1572.

A los ocho años perdió a su padre y su familia quedó desamparada. Desesperada, su madre se llevó al joven Isaac a vivir con su tío en Egipto, donde permaneció muchos años hasta su llegada a Safed.

Siendo joven, solía encerrarse en su habitación durante horas, incluso días, sumergido en el estudio de *El Libro del Zohar*, el más importante libro de Cabalá, tratando de entender sus sutilezas. Las leyendas describen cómo el ARÍ fue merecedor de "la revelación de Elías" (una revelación espiritual única), y que estudió *El Zohar* "de él". Para el ARÍ, *El Libro del Zohar* era el mundo entero.

Safed, capital de los estudios cabalísticos en el siglo XVI, atraía muchos asiduos, además, por estar situada en el área del Monte Merón, donde yacen los restos de Rabí Shimon Bar-Yojai, autor de *El Libro del Zohar*.

El año que el ARÍ abandonó Egipto y fue a Safed, un crudo invierno golpeó Egipto. Lluvias torrenciales provocaron inundaciones, y el Nilo desbordó sus riberas, dejando las ciudades bajo un manto de lodo y agua.

Cuenta una leyenda que en una de las noches más tormentosas de ese temible invierno, el Profeta Elías se reveló al ARÍ. Éste, según dicho relato, le dijo "Tu fin está cerca. Vete de aquí, y lleva a tu familia a la ciudad de Safed, donde eres esperado con ansias. Allí encontrarás a tu discípulo, Jaim Vital, a quien transmitirás tu sabiduría, nombrarás como tu sucesor, y quien tomará tu lugar".

Elías también le reveló al ARÍ: "Tan sólo viniste a este mundo para corregir el alma de Rabí Jaim Vital, ya que esta alma es preciada".

Así, en el año 1570, en pleno invierno, el ARÍ fue a Safed. Tenía treinta y seis años, y le quedaban dos de vida.

Revolucionario y cabalista

Los cabalistas ocultaron la sabiduría de la Cabalá durante 1500 años antes del ARÍ. Se levantaban a media noche, encendían una vela y cerraban las ventanas para que sus voces no se oyeran fuera. Abrían reverentemente los libros de Cabalá y se sumergían en ellos, tratando de desentrañar las verdades ocultas.

Su estudio era secreto, enseñado a puerta cerrada. Los cabalistas temían que éste fuera mal interpretado. "La generación", afirmaban, "no está lista todavía".

La humanidad esperó muchos siglos al maestro adecuado para abrir las puertas de la sabiduría de la Cabalá al público. Finalmente, con la llegada del ARÍ a Safed y la consiguiente exposición de *El Libro del Zohar*, se dio la pauta para revelar los secretos de la Cabalá entre las masas.

Es difícil dimensionar la importancia y estatura del ARÍ; en apenas año y medio, dejó una profunda huella en la historia del pensamiento cabalístico, aún sin escribir una sola palabra, ya que todos sus conocimientos fueron transmitidos a través de Rabí Jaim Vital, primer estudiante del ARÍ y único sucesor, quien a su vez, fue incapaz de publicar todos sus escritos mientras vivía. Fueron elaborados por sus parientes y estudiantes en los siglos posteriores.

Entre los primeros escritos de Rabí Vital se encuentra el libro *Etz Jaim* (*Árbol de la Vida*), que presenta las enseñanzas cabalísticas del ARÍ en un estilo claro y simple. Otra notable publicación es *Ocho Puertas*, una serie de ocho libros que describen —entre otras cosas— el concepto de reencarnación.

Cuando el ARÍ llegó a Safed, organizó un grupo de cabalistas conocido como "Los cachorros del León", incluyendo a algunos de los más ilustres de la época: Rabí Shlomo Elkabetz, compositor de la famosa canción, *Lejá Dodí* (ve, Mi amado), y el gran cabalista Rabí Moisés Cordovero (el Ramak), quien es considerado el primero en reconocer la grandeza del ARÍ; además de ser su amigo y estudiante.

Antes de fallecer, el Ramak dijo a sus estudiantes: **"Sabed que hay un hombre, aquí sentado, que se elevará tras de mí e iluminará los ojos de esta generación con la sabiduría de la Cabalá... en mis días, los canales estaban bloqueados... y en sus días, los canales serán revelados... y sepan que es un gran hombre, una chispa del Rashbi** [de Rabí Shimon Bar-Yojai]".

Parece que el Ramak tenía al ARÍ designado como su sucesor, e instruyó a sus estudiantes que lo aceptasen como maestro.

El ARÍ fue el precursor de una nueva era humana y espiritual. No sólo uno de los grandes cabalistas, sino el primero a quien se le dio "permiso desde lo Alto" para revelar la sabiduría de la Cabalá a las masas.

Su habilidad para transformar la Cabalá de un método para unos pocos escogidos a un método para todos, le convierte en un gigante por siempre.

Hoy día, muchas almas ya están listas para la elevación espiritual, y gracias a la Cabalá Luriánica, –el método legado por el Sagrado ARÍ– podrán alcanzar la Meta para la cual fueron creadas.

Rabí Yehuda Ashlag
Tiempo de Actuar

Sabía que el tiempo apremiaba. Susurró al oído de Ben Gurión la manera de establecer un estado real, independiente. Realizó todos los esfuerzos posibles para difundir la sabiduría de la Cabalá. Esta es la biografía de uno de los más grandes cabalistas, Rabí Yehuda Ashlag, conocido también como "Baal HaSulam".

En una tempestuosa tarde de invierno en Polonia, Rabí Yehuda Ashlag regresó a casa aún más retraído que de costumbre. Colocó su abrigo en un rincón de la habitación y se sentó pensativamente en el sofá. No pronunció ni una sola palabra. Después de un largo silencio, le informó a su familia: "Estamos en el umbral de una nueva era. Ya no puedo permanecer más en Polonia. Ha llegado la hora de hacer Aliá (emigrar) a Israel..."

Baal HaSulam fue uno de los cabalistas más admirables de nuestro tiempo. Una de esas almas singulares que vino a este mundo a traernos la sabiduría de la Cabalá y acercarnos a una vida más plena, llena de paz y unidad.

"Tengo deseos de derribar esta muralla de hierro que nos ha venido separando de la sabiduría de la Cabalá", escribió Baal HaSulam. Ciertamente, él fue el primer cabalista que interpretó el *Libro del Zohar* en su totalidad, los textos del Arí y permitió que la antigua sabiduría de la Cabalá fuera accesible a toda la gente. También fue el primero en publicar un documento de contenido cabalístico y divulgarlo entre el público. Su corazón se afligía por el futuro del pueblo de Israel y del mundo en general, una preocupación que dominaba cada una de sus acciones.

La lucha para hacer Aliá[4]

Ese día de 1921 no era el primero en que Baal HaSulam había expresado su deseo de emigrar a Israel. Algunos años antes había intentado organizar la *Aliá* para un grupo de cien familias que irían a establecerse en un nuevo asentamiento en Israel. "Nubes oscuras se ciernen sobre los cielos de Europa", le decía a cualquiera que lo escuchara. "El reloj se apresura y el tiempo es vital".

El grupo ya había ordenado el embarque de sus menajes de casa desde Suecia y se preparaban para hacer *Aliá*, cuando los rabinos de Varsovia descubrieron el plan. Ansiosos por la influencia del laicismo en Is-

---

4   Aliá -emigrar a Israel

rael, los rabinos prohibieron viajar a estas familias. En vez de esto, al ejercer una fuerte presión en los miembros del grupo para que se quedaran, provocaron su dispersión.

A Baal HaSulam, quien había organizado al grupo, los rabinos de la ciudad lo excluyeron, lo humillaron y lo relevaron de su cargo como rabino. A pesar de esto, no se rindió, sino que persistió en sus esfuerzos. Poco tiempo después y sin dinero, Rabí Ashlag hizo *Aliá* con su familia y se estableció en Jerusalén.

REAVIVANDO EL AMOR

Eran finales de los años cuarenta, en la casa de David Ben Gurión, en el número 17 de la calle KKL en Tel Aviv. A las ocho de la noche, el jefe del Consejo Nacional parecía fascinado escuchando al hombre que se encontraba sentado frente a él... Si nos acercáramos lo suficiente podríamos escuchar fragmentos de sus palabras: "David", le dice el hombre apasionadamente, "podemos construir un estado independiente y feliz aquí, si tan sólo pudiéramos reavivar el amor natural que está latente en todos nosotros..."

Y continúa, "Tenemos que asegurarnos que cuando se establezca un estado aquí, sus ciudadanos se ocupen unos de otros. Únicamente de esta forma vamos a tener una base segura y natural en la que podamos construir y continuar nuestra existencia como nación..."

"En muchas ocasiones", dice David Ben Gurión, "me reuní con Baal HaSulam para discutir sobre la Cabalá y el futuro de la nación".

¿Por qué Ben Gurión sostuvo tantos encuentros con Baal HaSulam? ¿Qué le expresaba Baal HaSulam y por qué estaba Ben Gurión tan intrigado por lo que tenía que revelarle? Baal HaSulam conocía bien la esencia y la singularidad de su gente. Sabía que el pueblo de Israel podría sobrevivir únicamente sobre los cimientos de la ley espiritual de amor al prójimo. En sus conversaciones con Ben Gurión, le hacía hincapié una y otra vez: "Para tener éxito en nuestra misión mutua de construir una comunidad unida aquí", le decía, "debemos despertar dentro de nosotros esa chispa de amor por nuestros semejantes. De lo contrario, tarde o temprano no encontraremos un área de interés común".

Sin embargo, Ben Gurión no fue el único. Rabí Yehuda Ashlag se reunió con todos los líderes de la nación de esa época, incluyendo a Moshé Sharet, Zalman Shazar, Moshé Aram, y Jaim Arlozorov. Sin pensar en las diferencias de mentalidad y apariencia, la única preocupación de Baal HaSulam era el futuro del pueblo de Israel.

LA CABALÁ PARA EL PUEBLO

Baal HaSulam no se conformó con reunirse con los líderes de la nación. Poco después de su llegada a Israel, se dedicó a tiempo completo a la enseñanza y a esparcir el método que conduce a amar al prójimo. En 1933, decidió publicar una serie de artículos con la intención de preparar el camino para la verdadera unificación del pueblo.

"Tiempo de Actuar" fue su primer artículo y el título da testimonio de la firme intención de Baal HaSulam por lograr que la sabiduría de la Cabalá estuviera al alcance de nuestra generación. Hasta que él llegó, la Cabalá había sido ocultada herméticamente; sin embargo, todo eso estaba a punto de cambiar.

"Me siento feliz de haber nacido en esta generación, en que ya se permite difundir la sabiduría de la verdad".

Baal HaSulam, "La sabiduría de la Cabalá y su esencia"

La humanidad necesitaba la sabiduría de la Cabalá y Baal HaSulam tenía la determinación de presentarla al mundo. Como una parte muy importante de sus esfuerzos de diseminación, Baal HaSulam interpretó los textos escritos por el Arí y publicó sus comentarios en una composición trascendental de seis volúmenes: *El Estudio de las Diez Sefirot.*

En la introducción a la obra, Baal HaSulam escribió que estaba destinada a que cualquier persona pudiera responder a la pregunta, "¿Cuál es el significado de mi vida?"

"Sólo mediante la difusión de la sabiduría de la Cabalá al gran público seremos merecedores de la redención completa", afirmó Baal HaSulam inequívocamente. **"Y puesto que ese es el caso, tenemos la obligación de**

establecer escuelas y escribir libros con el fin de acelerar la difusión de la sabiduría a través de la nación".

Un periódico escrito con amor

El 5 de junio de 1940, Baal HaSulam tomó la decisión de dar un paso revolucionario: recopiló las ideas que constituyen el núcleo de la sabiduría de la Cabalá, las reescribió en términos sencillos y las publicó en el primer órgano cabalista de la historia. *HaUmá* (La Nación). En la publicación, Baal HaSulam se dirigió a la nación en un único mensaje: **¡Debemos unirnos!**

Desgraciadamente, todos aquellos que se oponían a la diseminación de la Cabalá acudieron a las autoridades del Mandato Británico e hicieron correr rumores para que cerraran el periódico. Así pues, con una sola edición, el primer periódico que intentó difundir la unidad, los lazos de unión y el amor del hombre, fue descontinuado.

Sin embargo, Baal HaSulam no se desanimó con esto intentos de poner freno a su deseo de compartir la sabiduría de la Cabalá. Estaba decidido a hacer lo que pudiera para diseminar la sabiduría y empezó a escribir la obra más significativa de su vida, el *Sulam* (Escalera), *Comentario sobre El Libro del Zohar*.

Una escalera al cielo

La escena transcurre en Tel Aviv, en un destartalado edificio casi en ruinas. Baal HaSulam ya tiene cerca de setenta años. Largas horas pasa inclinado sobre una vieja máquina de impresión, organizando las letras con las pocas fuerzas que le restan.

El contenido de plomo en las letras ya ha afectado su salud, pero él no se desalienta. Por el contrario, su rostro resplandece. "Debo concluir mi trabajo" piensa, "porque el destino del mundo entero está comprometido..." Se endereza, respira profundamente y continúa con su trabajo ...

Baal HaSulam reúne las pocas fuerzas que le quedan para salir de su lecho de enfermo, haciendo caso omiso de las órdenes del doctor para que descanse y continúa escribiendo. Trabajaba dieciocho horas al día. Cuando se quedaba dormido su esposa estiraba los dedos de su mano para sacar el lápiz de su puño artrítico cerrado.

Puesto que no podía contratar a un tipógrafo, Baal HaSulam hacía la composición tipográfica él mismo. Colocaba cada letra en su lugar, preparando *El Libro del Zohar* para su impresión.

El rabino Yehuda Ashlag completó su tarea. Nos legó el *Sulam, Comentario sobre El Libro del Zohar*, así como *El Estudio de las Diez Sefirot*, que es un estudio completo de la obra del Arí. Preparó el camino para que nosotros encontráramos la felicidad, la integridad y la eternidad. Todo lo que necesitamos hacer es seguir este camino y subir por la escalera espiritual que colocó, "...una escalera apoyada en tierra y cuya cima tocaba los cielos..." (*Génesis* 28:12)

"Me parece de gran importancia que se de cumplimiento a los esfuerzos de Rabí Ashlag. Siempre he lamentado la falta de una traducción al hebreo de El Zohar. En realidad, es cierto que el Instituto Bialik publicó una traducción parcial, pero sería conveniente que este libro llegara a las manos del lector hebreo, que no entiende el arameo completamente... este gran libro... ocupa un sitio muy importante en la vida espiritual de nuestro pueblo". (Ben Gurión, Archivos, correspondencia, 6/1/1960)

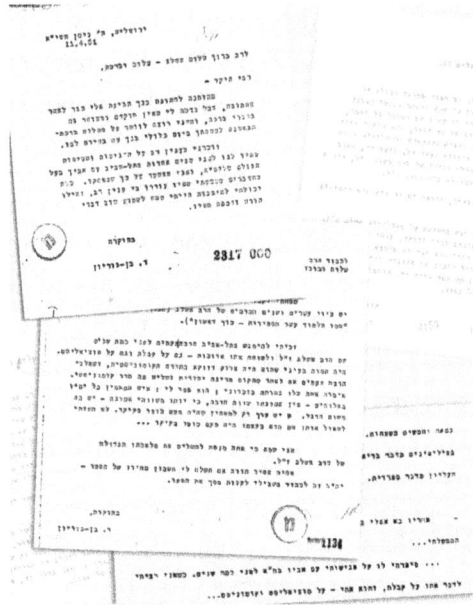

RABÍ BARUJ SHALOM HALEVÍ ASHLAG, EL RABASH

Rabí Baruj Shalom HaLeví Ashlag (Rabash), hijo y sucesor de Rabí Yehuda Leib HaLeví Ashlag (Baal HaSulam), a pesar de su alto nivel espiritual, fue un hombre humilde, y pasó su tiempo estudiando y escribiendo. Es difícil encontrar palabras para describir al menos una fracción de su enorme contribución a nuestra generación y a las futuras.

EL LINAJE DORADO

En muchos sentidos, Rabash fue el último de un "linaje dorado", el eslabón final de la cadena de los más grandes cabalistas. Ésta comenzó con Abraham el Patriarca y se acabó con Rabí Yehuda Ashlag y su hijo, el Rabash. El papel del Rabash es quizá el más significativo para nosotros, ya que nos conecta con todos aquellos grandes cabalistas. Con sus trabajos, él adaptó el método de la Cabalá para nuestra generación.

Aunque estaba en la cúspide de la escalera espiritual, Rabash se mantuvo muy bien conectado con la gente, que sólo quería saber si existía algo más elevado de lo que este mundo podía ofrecer. Debido a su alto nivel espiritual, comprendió por qué aquellos de nosotros que han estado viviendo hacia el final del siglo XX necesitaban descubrir el secreto de la vida. Pudo adaptar la sabiduría de la Cabalá en un lenguaje fácil, directo y apropiado para nuestra generación. Haciendo esto, nos introdujo en un mundo eterno y fascinante, y pavimentó el camino más seguro a través del cual podemos llegar allí.

DEJANDO EL HOGAR

Cuando Baruj Ashlag tenía 13 años, su padre Yehuda Ashlag (Baal HaSulam) decidió que llegó el momento de abandonar Polonia y dirigirse hacia Israel. Baal HaSulam esperaba encontrar más cabalistas en Israel que se unieran a él para diseminar la Cabalá, por lo que en 1921, dejó Varsovia y se trasladó a Jerusalén.

En Israel (Palestina en la época), Rabash fue ordenado como rabino por Rabí Abraham Isaac HaCohen Kuk, Gran Rabino de Israel, y por Rabí Jaim Sonnenfeld, el Gran Rabino de Jerusalén y líder espiritual y político de la comunidad ortodoxa de Israel. Rabash tenía sólo 17 años cuando fue ordenado como rabino.

DISCÍPULO DE SU PADRE

Rabash sintió el deseo de descubrir el secreto de la vida desde muy joven y lo trató de descubrir con determinación. Su único deseo era llegar a ser estudiante de su padre, el más grande cabalista de la generación. Él quería seguir los pasos de su padre y profundizar en el estudio de la Cabalá. Sabía que nada excepto la Cabalá llenaría el deseo que ardía en su corazón.

Ciertamente, una vez que Rabash demostró que sus intenciones eran sinceras, Baal HaSulam le aceptó en el grupo de estudiantes. Para asistir a las clases de su padre, Rabash tenía que caminar varios kilómetros cada noche, desde la vieja ciudad de Jerusalén hasta la casa de su padre en el barrio de Givat Shaul.

En su camino, él tenía que pasar a escondidas a través de las barreras de las fuerzas militares británicas, que formaban parte del mandato británico (1922-1948) que gobernaba en Israel.

A pesar de las duras condiciones en que se hallaba Jerusalén a principios de 1930, Baruj Ashlag tenía un fuerte deseo por seguir el camino de su padre, y nunca faltó a ninguna clase ni evento que éste impartiera. Permaneció unido al lado de su padre, acompañándole en todos sus viajes, tomando sus apuntes y sirviéndole de cualquier forma posible.

Con el tiempo, Baruj llegó a ser el estudiante más cercano de Baal HaSulam y comenzó a estudiar de forma aparte con él. Su padre le enseñó *El Estudio de las Diez Sefirot* y *El Libro del Zohar*, respondió las preguntas que le formulaba y le preparó para el papel que estaba a punto de emprender: diseminar la sabiduría de la Cabalá a las masas con el lenguaje más claro y más adecuado para nuestros tiempos.

Shamati

Rabash, el estudiante aplicado, escribió todo lo que había escuchado de su padre en un cuaderno llamado *Shamati* (yo escuché). Reunió miles de notas documentando las explicaciones de Baal HaSulam sobre el trabajo espiritual de una persona. En su lecho de muerte, Rabash legó el cuaderno a su estudiante y asistente personal, el Rav Michael Laitman, quien más tarde lo publicó como un libro titulado de igual forma.

Por más de 30 años, Rabash fue el estudiante y asistente personal de su padre, de quien durante todo ese período absorbió las enseñanzas y su espíritu de amor hacia la nación de Israel y el mundo entero. Llegó a entender que sólo alcanzaremos la completa redención si diseminamos la sabiduría de la Cabalá en la nación y en el mundo entero. Años más tarde, los estudiantes del Rabash afirmaron que este espíritu había sido su "sello distintivo" a lo largo de toda su vida, el mensaje esencial que había legado a sus estudiantes.

Conectado con el mundo incluso aislado de él

Como su padre antes, Rabash no quería ser ensalzado como cabalista. Él rechazó cargos oficiales que le fueron ofrecidos. En lugar de ser reverenciado y ser líder de muchos, Rabash dedicó la totalidad de su tiempo y esfuerzos al trabajo interno y a preparar a estudiantes de Cabalá. Ellos diseminarían la sabiduría de la Cabalá y continuarían por el camino de Baal HaSulam con sinceridad.

Internamente, Rabash estaba conectado con el mundo entero. Externamente, sin embargo, era un hombre apartado. Su viuda, Feiga Ashlag, dice que "Ni siquiera nuestros vecinos sabían que él estaba enseñando la sabiduría de lo oculto".

Pero a pesar de su modestia, aquellos que realmente buscaban, encontraron su camino junto al Rabash. Su principal estudiante y asistente, el Rav Michael Laitman, dice que entre quienes se acercaban a él estaban renombrados rabinos que discretamente iban a la casa del Rabash para estudiar la sabiduría de la Cabalá.

En su trabajo con nuevos estudiantes, Rabash desarrolló su método único y contemporáneo. Escribió artículos semanales en los que describió en palabras sencillas cada fase del trabajo interno de una persona a través del camino de la espiritualidad. En ese sentido, él nos confió un verdadero tesoro, un método completo y probado que puede hacer que cada persona logre percibir el mundo espiritual.

Estos artículos semanales fueron agrupados y recopilados dentro de una serie de libros llamados *Shlavey HaSulam* (*Peldaños de la Escalera*). Rabash dejó tras de sí muchos grupos de estudiantes en Israel y en más lugares del mundo. Estos grupos continúan estudiando sus libros y los de Baal HaSulam. Rabash tuvo éxito en donde otros no lo tuvieron al presentarnos la mejor manera de descubrir el aspecto más profundo de la realidad: el Mundo Superior.

> *"Sólo a través de la diseminación de la sabiduría de la Cabalá a las masas obtendremos la completa redención".*
>
> Rav Yehuda Ashlag (Baal Hasulam),
> *"Introducción al libro El Árbol de la Vida"*

BNEI BARUJ

Después del fallecimiento del Rabash en 1991, su principal estudiante y asistente personal, el Rav Michael Laitman, estableció un grupo de cabalistas que denominó "Bnei Baruj" (Hijos de Baruj). El objetivo del grupo es continuar por el camino del Rabash y diseminar su método a las masas.

Bnei Baruj ahora se ha convertido en un movimiento internacional con cientos de miles de estudiantes en Israel y en todo el mundo. Estos estudiantes estudian Cabalá de fuentes auténticas y diseminan de forma gratuita esta sabiduría a todo el que desee aprenderla.

Rabí Baruj Shalom HaLeví Ashlag fue único. Fue un cabalista oculto cuya vocación fue educar a una nueva generación de cabalistas creando un nuevo método espiritual que fuera apropiado para estudiantes contemporáneos. Estaba convencido de que si podía adaptar el método de la Cabalá a nuestra época, sería su mayor contribución a la humanidad.

Rabí Ashlag quería promover un futuro más brillante para todo el mundo, y tuvo éxito. Todo lo que necesitamos hacer es usar este método seguro que él desarrolló. Cuando lo hagamos, seremos recompensados con la revelación de la completa, verdadera y eterna realidad, descubierta por cada cabalista a través de las generaciones.

❧

X

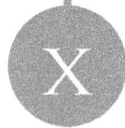

La raíz espiritual de las festividades

LAS FIESTAS DE TISHREI, EL HOMBRE Y LA CABALÁ

El más grande cabalista del Siglo XX, Rabí Yehuda Ashlag, Baal HaSulam, afirmó que el "Nuevo Año" de toda la humanidad comenzó hace unos 500 años, con el fallecimiento del ARÍ (Rabí Yitzhak Luria Ashkenazi), en el Siglo XVI.

El ARÍ había revelado aquella parte de la sabiduría de la Cabalá que le permite a cualquier persona, desarrollar el *Punto en su Corazón*. Durante los años en los que vivió y enseñó en Safed, se había iniciado una nueva corriente del pensamiento humano además del comienzo del desarrollo tecnológico.

Hoy día, 500 años después de ese cambio en las áreas del pensamiento, sociedad, ciencia y tecnología, el avance no nos ha proporcionado una vida mejor, al contrario, parece que el plano de la felicidad está retrocediendo. Sufrimientos, hambrunas, brechas sociales y odio se están intensificando año tras año, añadiéndose a la desesperación y sensación general de haber perdido el camino; la crisis mundial sumada a las crisis personales que estamos experimentando actualmente.

Según la Cabalá, este estado grave que estamos presenciando es una preparación para el próximo grado en nuestra evolución, la primera parada en el nuevo trayecto espiritual de la humanidad.

El Año Nuevo abarca un nuevo comienzo personal y universal. Como un embrión que rehúsa apartarse de la matriz de su madre, estamos sufriendo los dolores del parto espiritual, contracciones que nos presionan a renacer a una nueva realidad, descubriendo la Luz conjuntamente.

Hitos en el tiempo y el espíritu

La manera en que usamos nuestro ego para alcanzar alguna ganancia a cuenta del prójimo, transgrede la base delicada y armoniosa que sostiene a la realidad. Las fiestas del mes de *Tishrei* –desde *Rosh HaShaná* (el Año Nuevo) hasta *Simjat Torá* (La alegría de la Torá)–, simbolizan los hitos en el sendero espiritual del individuo; el proceso de corrección del egoísmo, de manera personal y global.

En el Mundo Espiritual, el tiempo carece de significado común. Quien investiga su mundo espiritual pasa por estos hitos –paradas en el tiempo que son las fiestas–, independientemente del calendario. Es decir, el "Año Nuevo Espiritual" es un estado que puede ocurrir en cualquier momento.

LOS RITOS DE LAS FIESTAS – SIGNOS Y SÍMBOLOS

Cuando el individuo progresa de una etapa a otra y asciende al próximo escalón, va desvelando nuevos y más profundos aspectos de la realidad.

Según la Cabalá, las costumbres de las fiestas –actos espirituales que realiza el ser humano cuando asciende al Mundo Espiritual– además de mantener la tradición de Israel, nos recuerdan nuestro rol espiritual y la corrección verdadera a desempeñar: cambiar nuestra actitud hacia los demás, de recibir para mí mismo a otorgar, o sea, el amor al prójimo.

El proceso de descubrimiento espiritual se divide en varias etapas:

La primera es llamada *"Rosh Jodesh Elul"* (Principio del mes de *Elul*). *Elul* son siglas de la expresión **"Yo soy de mi amado y mi amado es mío"** (en hebreo), que tiene un significado cabalístico profundo. Simboliza aquella "equivalencia de forma" en las relaciones del ser humano con Él. **"Yo soy de mi amado"**: si deseo darles a los demás y amarlos como esa Fuerza (mi amado), entonces **"...y mi amado es mío"**: recibo toda la Abundancia Superior que esta Fuerza quiere otorgarme, pasando por mí hacia los demás.

El mes de *Elul* es nuestra determinación inicial de alcanzar la equivalencia de forma con el Creador: poner en práctica la expresión, **"Yo soy de mi amado y mi amado es mío"**.

Rosh HaShaná (Año Nuevo) es la segunda etapa, de donde el individuo comienza su investigación en cada nuevo escalón espiritual hacia el cual avanza.

El ser humano se embarca en el sendero espiritual con una pregunta en su corazón: "¿Cuál es el propósito de mi vida?", punto donde ya necesita ciertas herramientas para auto-examinarse, descubre que existe un sistema de leyes que opera la realidad, y comienza a transformar su naturaleza.

Entre la etapa de *Rosh HaShaná* y *Yom Kippur* (Día del Perdón), existe una etapa media llamada: "Los Diez Días de Arrepentimiento".

La Cabalá explica que existen en el individuo 10 características básicas que componen su esencia interna. En esta etapa media, descubre con mayor intensidad que la razón del sufrimiento en su vida es su propia naturaleza; entonces, está listo para la próxima corrección, El Día del Perdón.

Las cinco restricciones en la recepción de placer que asume el hombre en *Yom Kippur*, simbolizan la resolución de corregir su egoísmo: ayuno, relaciones sexuales, uso de zapatos de cuero, baño, transporte.

De acuerdo a la Cabalá, la *Sucá* (cabaña) representa la estructura del alma. La habilidad de contener la Abundancia destinada para nosotros, y la paja simboliza el poder de superar el egoísmo.

Según la tradición, las ramas de paja deben ser desechadas, representando el proceso en nuestro interior: primero, la necesidad de amar a los demás nos disgusta, como aquellas ramas desechadas de la *Sucá*. Pero al avanzar en su camino espiritual, el hombre cambia su trato a los demás, y se percata que esto lo acerca a entender la Fuerza Superior que opera en la realidad.

Durante los siete días de *Sucot*, el hombre se eleva por encima de su egoísmo, atributo por atributo, cada día, anhelando más el amor al prójimo y la conexión con el Creador. Los atributos son representados por los *Ushpizín* (visitantes) de la *Sucá*.

El apogeo de este proceso produce un estallido de alegría durante la próxima etapa de corrección: *Simjat Torá* (La alegría de la Torá). Es entonces que el individuo cumple la corrección de su alma –total semejanza de atributos con la Fuerza Superior, llegando finalmente a llenarse de alegría y abundancia ilimitadas.

☦

ROSH HASHANÁ:
AÑO NUEVO ESPIRITUAL

"...el rezo tiene que realizarse en el corazón... O sea, que el corazón esté de acuerdo con lo que el hombre expresa con sus labios... 'porque el hombre mira con sus ojos, y el Señor ve el corazón'".

Rabí Baruj Ashlag, "Shamati 122"

De acuerdo a la sabiduría de la Cabalá, las fiestas de Israel nos describen de manera simbólica el proceso del desarrollo espiritual de cada persona. Éste es un proceso circulatorio llamado "año", lo cual significa que en cada nueva situación, el individuo pasa las mismas experiencias, solo que de manera más profunda y clara, ayudándole a entenderse mejor a sí mismo. Así se cambian en el cabalista 6,000 estados de desarrollo espiritual, hasta que consigue sentir todos los placeres que un ser humano puede experimentar.

Con el pasar de estos "años", el cabalista se tropieza una y otra vez con situaciones que le ayudan a subir al próximo peldaño. Los cabalistas llamaron a estas situaciones "fiestas, feriados y Sábados".

La sabiduría de la Cabalá describe la realidad que está oculta de nosotros, la cual es revelada a la persona en el trayecto de su desarrollo espiritual. Le ayuda al cabalista a comprender cómo fue creado el hombre y para qué vive.

Esta investigación se ha estado realizando miles de años por muchos cabalistas que vivieron a lo largo de las generaciones, desde la época de Abraham el Patriarca hasta nuestros días. El conocimiento que se acumuló fue transmitido de generación en generación, en forma escrita y oral. Los libros de Cabalá escritos en el transcurso de los años describen los alcances espirituales a los que llegaron los escritores. En nuestros días, cualquiera de nosotros puede llegar a estos logros.

"ADAM HARISHÓN (EL PRIMER HOMBRE)"

La Torá nos cuenta que el mundo fue creado en un trayecto de seis días, seis pasos de cambio entre la luz y la oscuridad. En el sexto día fue creado *"Adam HaRishón (el Primer hombre)"*, y precisamente antes del Sábado él pecó y fue expulsado del "Paraíso". *Adam HaRishón* simboliza un estado de perfección, de unión de todas las almas. Puesto que pecó, se dividió su alma en miles de partes −es decir, almas−, las cuales se desconectaron una de la otra. En cada uno de nosotros existe una de estas miles de almas. Nuestro deber es unir a todas en una sola, el alma de *Adam HaRishón*. De esta manera podremos corregir su "pecado" y regresar al "Paraíso".

La fecha de *Rosh HaShaná* (el Año Nuevo del calendario judío), nos recuerda que tenemos que empezar a corregir nuestras almas, devolviéndolas a su estado original, a la integridad.

El individuo que comienza su corrección espiritual en la parte del alma de *Adam HaRishón* que se encuentra en él, descubre durante los primeros diez días –en los que experimenta los diez estados espirituales–, la diferencia entre su estado actual y el estado perfecto, del cual cayó su alma.

Y así él llega a la corrección de su alma que está compuesta de diez *Sefirot*, las cuales simbolizan los diez días de *Teshuvá* (Días del Perdón). Cuando él entiende la magnitud de la diferencia entre ambos estados, pide fuerzas de corrección y siente que necesita expiación. Este estado se llama en la espiritualidad "*Yom Kipur* (Día del Perdón, del cual se deriva la palabra *Kapará*-Expiación, en hebreo)"

Y este es el orden de los estados espirituales que pasa el hombre: De *Rosh HaShaná* (Año Nuevo) hasta *Yom Kipur* (Día del Perdón), revela el hombre qué es lo que tiene que corregir. En *Yom Kipur*, pide las fuerzas que le ayuden a corregirse, en *Sucot*, recibe estas fuerzas y pasa la corrección; y en *Simjat Torá* (el Recibimiento de

la Torá) termina con dicha el trabajo de unir las partes del alma de "*Adam HaRishón*".

Puesto que se habla de estados internos que no dependen de los días del año, el cabalista puede pasar un año entero en un lapso de dos días corporales, por ejemplo. El ritmo de los cambios internos determina el largo del proceso. De acuerdo a esto, es importante recordar que el Año Nuevo (*Rosh HaShaná*) corporal es sólo una evocación del estado espiritual que éste representa. Un cabalista puede estar en un estado llamado "Año Nuevo Espiritual" también en cada día corriente de la semana.

Cada cabalista pasa en total 6,000 años de cambios en el trayecto de su vida, hasta que llega al estado en el cual termina la corrección de su alma, su parte individual de *Adam HaRishón*.

Así completa el cabalista su rol, y no necesita reencarnarse más

"**...resulta de esto que todo aquel que nace, nace sólo con una pequeña fracción de la parte del alma de *Adam HaRishón*, y cuando corrige su parte ya no necesita volver a reencarnarse. Por lo tanto, el hombre no puede corregir, sino sólo la parte que le pertenece, y sobre esto se escribió en el libro 'Árbol de la Vida' del Arí, 'no hay día parecido a su amigo y no hay momento parecido a su compañero, y no hay un hombre parecido a otro... sino, cada uno tiene que corregir la parte que le pertenece'**". (Rabash, *artículo "A qué grado tiene que llegar el ser humano"*)

Cuatro especies y una Sucá

Desde el punto de vista espiritual, la fiesta de Sucot marca uno de los puntos críticos en la evolución espiritual: la primera entrada de Luz dentro del alma. Esta Luz es llamada "Torá", y llenarse con ella proporciona una gran felicidad. Por eso, la fiesta siguiente a Sucot, que marca la recepción de la Torá, se llama Simjat Torá (La alegría de la Luz).

Las medidas y el emplazamiento físico de la *Sucá* –o cabañas– que corresponden a las usadas por nuestros antepasados en el Desierto del Sinaí, nos fueron dadas, como todas las otras *Mitzvot*, por cabalistas. Las *Mitzvot* (mandamientos o preceptos) son las leyes de los Mundos Superiores que se nos fueron transmitidas a este mundo. Cada *Mitzvá* (singular de *Mitzvot*) que realizamos en este mundo representa una ley espiritual de los Mundos Superiores. Los cabalistas observan estas leyes dentro de la esfera espiritual de sus almas y experimentan las fiestas como una forma más elevada, eterna y completa de existencia.

Para poder realizar un acto espiritual tenemos que haber adquirido un *Masaj* (pantalla). Esto significa que hayamos alcanzado la habilidad de trascender nuestros propios deseos egoístas, y que hayamos recibido, como resultado, una única clase de placer, llamada "la Luz del Creador". Cada vez que actuamos con una intención pura de otorgar, realizamos, de hecho, un "acto espiritual". Inversamente, cuando ese mismo acto es realizado para auto-complacernos, se lo considera como un acto corporal y egoísta.

La Sucá espiritual

La *Sucá* en la espiritualidad, es la estructura del *Kli* (vasija) que es capaz de recibir Luz. Dicho de otra forma, la *Sucá* simboliza el alma. Para recibir la Luz Superior, debemos construir dentro de nosotros una estructura espiritual, llamada *Sucá*, reflejando nuestras relaciones recíprocas con la Luz.

Mientras el alma va pasando por el proceso de corrección, es incapaz de recibir la Luz Superior en Su total magnitud. Por lo que esta Luz permanece "alrededor" o fuera de ella, aguardándola, y de ahí su nombre: "Luz Circundante". Para que la Luz pueda entrar y llenarla, el alma debe igualar sus cualidades con las de la Luz. Y como la cualidad de la Luz es el amor, para asemejarse a ella, uno debe trascender su propio egoísmo y llegar a ser igual a la cualidad de la Luz –amor y otorgamiento.

El modo mediante el cual el alma alcanza estas propiedades de semejanza con la Luz es representado por las leyes de construcción de la *Sucá*. Si deseamos avanzar en la espiritualidad, debemos pedir sólo dos cosas: unidad y amor hacia el Creador, en lugar de simplemente empaparnos con el placer de Su Luz y nada más. Esto requiere que poseamos la pantalla (*Masaj*) que nos proteja del placer egoísta que recibimos cuando sentimos la Luz del Creador. La adquisición de esta pantalla, entonces, se indica mediante la edificación del techo de paja de la *Sucá*.

En la medida que nuestra petición se centre sólo en adquirir las habilidades de amar y otorgar a los demás, la Luz Circundante corregirá nuestras almas, concediéndonos el poder de trascender todos nuestros deseos egoístas. El poder del techo de paja nos permite recibir la Luz Superior dentro de nuestras almas. En tal estado, nuestras cualidades se tornan iguales a las del Creador y logramos unirnos a Él en amor eterno. Ésta es la verdadera felicidad, la alegría de la Torá, *Simjat Torá*.

LAS CUATRO ESPECIES

Las cuatro especies que se usan en la fiesta de *Sucot* representan cuatro estados que experimentamos a lo largo del crecimiento espiritual. Cada uno de ellos se distingue por tener aroma y sabor, por tener sólo aroma, por tener sólo sabor, o por no tener ninguno de ellos. **El aroma denota la mente y el gusto representa el corazón:**

• Algunas veces la espiritualidad parece agradable a ambos, mente (aroma) y corazón (sabor). Los cabalistas llaman a este estado *Etrog* (cítrico).

• En otros momentos uno piensa que la espiritualidad es apasionante pero difícil de comprender. En ese estado, se la considera con "sabor", pero sin aroma. Los cabalistas llaman a este estado *Lulav* (rama de palma).

• Otras veces, la espiritualidad se experimenta como fragante pero sin sabor, como el *Hadas* (mirto). Su importancia está muy clara, pero mientras que el corazón no puede sentirlo, la mente sí es capaz de comprenderlo.

• Finalmente, cuando uno no puede sentir ningún aroma ni sabor en la espiritualidad, uno se encuentra en el estado de *Aravot* (sauce).

Para poder avanzar en la espiritualidad, sin embargo, debemos dirigirnos hacia el Creador incluso cuando nos hallemos en un estado en que no sintamos ni aroma ni sabor en la espiritualidad. Eventualmente, el unir todos los estados hacia un objetivo común nos proporcionará la habilidad para recibir y experimentar un verdadero placer espiritual ilimitadamente y en todas las circunstancias.

৩৽৻

4

Januca y la Cabalá

Vivimos en un mundo muy complejo, una vorágine. Tratamos de huir de los sufrimientos, pero sólo de vez en cuando logramos saborear placeres en nuestra vida. No sabemos si hay algún plan en la Naturaleza para nosotros. Es una existencia bastante intrascendente.

Cuando investigamos todos los elementos de la Creación, vemos qué inteligente, sabia y especial es, habiendo creado todo con un propósito, una causa y un efecto.

Sabemos cómo indagar los niveles inferiores al nuestro: inanimado, vegetativo y animal. Sólo la razón de la existencia del ser humano permanece desconocida.

Es por eso que los conocimientos acerca de la sociedad, del carácter humano, y la psicología, no se han convertido en una ciencia, sino en una acumulación de observaciones recolectadas a través de nuestras vidas.

La Sabiduría de la Cabalá es muy antigua, desarrollada por Abraham el Patriarca hace 5.000 años. Nos enseña que para saber cómo comportarnos y evolucionar, primero tenemos que estudiarnos a nosotros mismos y a nuestra sociedad.

Nació cuando la humanidad comenzó a formar su primera civilización, en la antigua Babilonia. Las personas querían, por orgullo, construir una torre que llegara al cielo para poder dominar a la Naturaleza, y dejaron de entenderse entre sí.

Abraham, que en realidad era uno de ellos, les dijo: "Esta no es la manera correcta de actuar y vamos a fallar. Nosotros no conocemos la Naturaleza y no podemos seguir nuestro ego creciente. Tenemos que ir por otro camino. Es decir, aunque el ego siga creciendo tendremos que volver a crear, por encima del él, las mismas relaciones que teníamos antes".

"Verán que si así lo hacemos, si lo usamos para llegar al 'amor hacia el prójimo', descubriremos precisamente dentro de él, dentro de nuestra naturaleza, una reglamentación: ¡leyes maravillosas de la Naturaleza!"

Al superar su propio egoísmo –implementando el altruismo– Abraham descubrió las leyes de la Naturaleza Superior, llamadas así porque superan al "ego".

Por ayudarle a recibir la revelación de la naturaleza verdadera del hombre y de cómo es activado, llamó a este método: "La Sabiduría de la Cabalá", de *lekabel* (recibir, en hebreo).

Luego, empezó a enseñarla a los demás babilonios, y estableció su grupo de cabalistas que con el tiempo se convirtió en una nación. Después de haber llegado a la tierra de Israel –comportándose de la manera enseñada por Abraham y Moisés– volvieron a experimentar un crecimiento de ego, tratándose uno al otro con menosprecio en vez de las relaciones de "amor recíproco", la "garantía mutua", "ama a tu prójimo como a ti mismo" y "como un solo hombre con un solo corazón", que habían alcanzado cuando recibieron la Torá.

Y como las fuerzas espirituales son las que determinan los hechos en el reino físico, al empezar a tratarse de forma egoísta, causaron lo mismo en la exterioridad, facilitando el ataque de sus vecinos, los griegos.

Surgió un problema aún más grave con los helenistas, que estaban mezclados con los judíos. Una parte del pueblo quería seguir la Torá de Abraham y la otra dijo: "No. No somos capaces de superar nuestro ego; tenemos que ser como el resto de las naciones". Querían vivir de acuerdo al ego como los babilonios en su tiempo.

Lucharon entre ellos hasta que el Gran Sacerdote Matityahu se levantó, como Abraham en su tiempo, usando el mismo método, y dijo: "No. No podemos aceptarlo. Tenemos que destrozar toda esta nueva infraestructura griega. Debemos elevarnos por encima de ello y volver a ser 'una sola nación con un solo corazón' hacia el Creador, esta fuerza preciosa, buena y benévola, la fuerza del amor".

Y así se levantaron, lucharon y prevalecieron.

Todo lo que sucedió con Abraham en Babilonia, luego con Moisés y Matityahu, es la misma lucha; el ego empieza a intensificarse, obligándonos a elevarnos por encima de él con amor, y así prevalecemos.

El pueblo de Israel –llamado así (*Yashar* directo, *Él* Dios) porque sabe cómo elevarse por encima del ego, hacia el amor –no pudo superarlo y cayó bajo su dominio, causando la destrucción del Templo, la cual continúa hasta ahora.

Los hijos de Israel se levantan de nuevo, apoyándose en el mismo método que desarrolló Abraham, diciendo: "¡Oye, pueblo judío! ¡Vamos! Elevémonos de nuevo a nuestro nivel, en el que realmente existimos como 'la nación de Israel', como 'un solo hombre con un solo corazón', y venceremos a nuestros enemigos: los griegos, los amalequitas, los nazis; todos, hasta el último. ¡Esto es lo único que nos podrá salvar!"

No se trata de hacer guerras con ninguno de ellos; nuestra unificación es una condición para triunfar, como nos enseñó Abraham, Moisés (en la escena de la entrega de la Torá) y Matityahu: "Tenemos que matar a los griegos entre nosotros". Es decir, los deseos de permanecer sumergidos en el egoísmo. "Tenemos que elevarnos por encima de ellos y unirnos en un amor fraternal".

De ahí llegará la victoria sobre todos los extraños. Toda la humanidad va a reconocernos como el "pueblo elegido", especial, sagrado, que significa "el otorgante", el que otorga el amor, el "pueblo altruista".

¡Si llegamos a eso, lograremos la gratitud de todo el mundo!

Esa fue la fiesta de Januca en la historia, y es la misma Januca que tenemos que realizar hoy día, como judíos entre todos los helenistas, los deseos helenistas dentro de cada uno de nosotros. Tenemos que resolver el problema con nosotros mismos, en nuestro interior, dentro de todos y cada uno de nosotros.

La Cabalá nos explica que el milagro de Januca simboliza el éxito alcanzado al pasar por encima de los deseos que nos desvían del camino hacia la espiritualidad. Al superar nuestro propio egoísmo –implementando el altruismo–, logramos la unión con el Creador.

Muchas veces participamos de las fiestas de manera mecánica, sin detenernos a pensar cuál es su propósito y simbolismo. ¿Nos hemos preguntado cuál es la raíz espiritual de Januca?, ¿por qué encendemos velas, y quiénes fueron los griegos? El comprender su significado, visto desde un plano superior, nos abre las puertas a un mundo maravilloso, amplio y profundo, en el que prevalece la unión de los seres humanos como un todo integrado.

Para lograr penetrar esa nueva dimensión, a través del conocimiento de las fuerzas superiores que actúan sobre nosotros, es importante entender que hay una raíz en el mundo espiritual para todo lo que existe. Dicha raíz motiva nuestro comportamiento, nuestros pensamientos y emociones, así como los diferentes eventos que experimentamos aquí, en el mundo terrenal.

Las festividades que celebramos mantienen una estrecha relación con las fases de desarrollo del alma. Las velas de

Januca simbolizan la Luz de Misericordia que uno adquiere cuando ha alcanzado el Mundo Espiritual. La Luz se incrementa gradualmente, por lo que se enciende una vela extra cada día.

Los griegos son los deseos que nos incitan a permanecer sumergidos en el egoísmo. Al unirnos en un amor fraternal, como un solo hombre con un solo corazón, logramos vencer esas fuerzas que nos impiden avanzar en nuestra lucha por superar el ego.

FASES DE RECONEXIÓN

La sabiduría de la Cabalá nos dice que Januca está relacionada con la rehabilitación del Templo. Desde el punto de vista espiritual, el Templo significa el lugar donde el Creador y la criatura se unen. Por lo tanto, su destrucción (profanación, en el relato de Januca) se refiere a la ruptura de esta adhesión entre ambos. Esa unificación es la que los cabalistas están tratando de reconstruir.

Hay dos fases de reconexión. En la primera, el individuo aprende cómo elevarse por encima de la naturaleza egoísta que caracteriza a todo ser humano, logrando así la formación de una vasija (*Kli*, en hebreo), con la cual se unirá al mundo espiritual. Esta es la fase de **Corrección**. La fiesta de Januca está relacionada con esta etapa, por lo que su nombre se puede dividir en

dos: *Janu* (se estacionaron, en hebreo) *Ca* (de la palabra "acá", en hebreo), lo cual simboliza un descanso; es decir, el descanso que el humano toma entre ambas fases del sendero espiritual, una vez que se haya corregido su vasija, y antes de empezar a llenarla con la Luz en la segunda fase.

Este proceso se desarrolla como en el caso de una persona sedienta, que sostiene en su mano un vaso quebrado. Primero debe repararlo, antes de poder llenarlo y tomar de él. Quien se siente separado de la espiritualidad debe primero enmendar su unión con el Creador antes de que pueda recibir las bondades que Él desea otorgarle.

Es entonces cuando decimos que se ha llegado a la fase de **Recepción**, alcanzando el ser humano la capacidad de recibir grandes placeres mediante la nueva herramienta adquirida en la fase de corrección.

Se realiza el milagro

Los helénicos no querían exterminar a Israel físicamente, ni lucharon por la dominación materialista, sino por la espiritual. Deseaban colocar estatuas hechas por el hombre en el Templo y forzar a Israel a hacerles reverencia. El gran sacerdote Matityahu, el líder de los Macabeos, se opuso rotundamente. Liderados por él lucharon y derrotaron a los griegos, es decir, vencieron los deseos egoístas que empujaban al pueblo a pensar que no valía la pena cumplir las leyes de la naturaleza, o sea, unirse pasando por encima del egoísmo, para comulgar con el Mundo Superior.

Mientras más fuertes se volvieron los griegos, más poderosa se tornó la fe de Israel. Esta guerra se prolongó hasta que apareciera un hecho milagroso que pudiera marcar el triunfo de Israel. El milagro ocurrió.

El milagro de Januca representa el éxito en el logro de la adhesión, la unión con el Creador. Tras la victoria de Israel, por medio de la implementación del método de corrección establecido mucho antes por Abraham el Patriarca -la sabiduría de la Cabalá-, volvió a prevalecer el principio de "ama a tu prójimo como a ti mismo".

Israel se interpreta como la fuerza que nos lleva directamente al Creador. *Isra* viene de la palabra *Yashar* (directo, en hebreo), y *Él* es la palabra hebrea para referirnos a Dios. Por lo tanto, la palabra *Israel* significa, en conjunto, "directamente a Dios", la razón espiritual detrás de este mundo, de hecho, la Meta de nuestra existencia sobre la Tierra.

LO LARGAMENTE ANHELADO

La victoria sobre los helénicos constituye el cimiento del camino de cualquier criatura en el reino espiritual. Este sendero nos permite cumplir las correcciones que nos llevarán a la frontera final, la eterna abundancia que el Creador ha preparado para todos.

Los cabalistas describen en sus libros que más allá de lo que captan nuestros cinco sentidos, existe un mundo bello y encantador, en el que tenemos la oportunidad de controlar, en forma consciente, nuestras vidas, para alcanzar un placer supremo, la plenitud. Si seguimos sus huellas, esforzándonos en lograr la conexión espiritual entre nosotros, con el propósito de apegarnos a la Fuerza Superior, llegaremos a experimentar dicha abundancia y felicidad, todos y cada uno de nosotros.

 formateo

5

TU BISHVAT: LAS RAÍCES ESPIRITUALES DE LA JARDINERÍA

¡Si estás buscando ponerte en contacto con tu lado espiritual, necesitas comenzar por las raíces!

¿Por qué es importante querer la espiritualidad en nuestra vida?

El símbolo que más se asocia con la Sabiduría de la Cabalá es el *Árbol de la Vida*. La Cabalá, al igual que todos los antiguos escritos, está repleta de ejemplos del reino vegetal. A través de la historia se ha echado mano de los sistemas de horticultura para ilustrar el crecimiento espiritual del hombre. Así, no es sorpresivo descubrir que la Cabalá utilice imágenes y ejemplos de nuestro mundo físico para revelarnos profundos procesos espirituales.

Esta sabiduría tiene como propósito incrementar el aspecto espiritual (interno) de nuestras vidas, dentro de nuestro trabajo y en nuestros momentos libres. Sabemos que el jardín no florece sin los fertilizantes adecuados, pero si éstos no han sido debidamente elaborados pueden convertirse en una amenaza dentro del jardín. Igualmente, la Cabalá nos enseña cómo elaborar nuestros pensamientos para convertirlos en "fertilizantes adecuados" de nuestras almas.

Este benéfico camino nos enseña todo lo que hay que saber sobre nosotros mismos, nuestras relaciones con seres queridos, amigos y, sobre todo, cómo mejorar nuestros lazos con la Naturaleza.

HORTICULTURA ESPIRITUAL

Al igual que el árbol, para dar frutos (espirituales), y alcanzar lo antes mencionado, tú y yo debemos hacer el mismo trabajo requerido para árboles y plantas. Si fertilizamos, desherbamos y cultivamos todas las partes de nuestras almas que necesitan cultivarse, nuestra espiritualidad se intensificará y llenará nuestras vidas de gozo. Si nos esmeramos en realizar este cultivo seremos *"como el árbol plantado al lado de corrientes de agua, que da su fruto en la estación y cuyas hojas no se marchitan; y serán prósperos en todo lo que emprendan"* (*Salmos* 1:3).

Por lo tanto, ¿Qué es lo que tenemos que hacer con nuestras "plantas" internas para hacerlas crecer de manera frondosa?

Escarbar

En la espiritualidad, cavar con el azadón significa examinar el interior de nuestra alma. Según la Cabalá, sólo ahí, dentro de nosotros mismos, descubriremos por qué venimos a este mundo. Las respuestas a todas las interrogantes en nuestra vida se encuentran en lo profundo de nuestro ser. Si queremos hallarlas debemos escarbar dentro de nuestras almas para que afloren.

Extirpar las callosidades

Una callosidad es un defecto superficial. Puesto que la espiritualidad concierne a la relación de la persona con la Naturaleza, se trata de un proceso muy íntimo, por lo que es conveniente guardar nuestras reflexiones espirituales para nosotros mismos. Cuando te encuentres trabajando en tu jardín, nadie necesita saber lo que pasa por tu mente. Está bien si piensas en fertilizar si es justo lo que estás haciendo físicamente. Pero, si al mismo tiempo fertilizas tu alma, obtienes una ganancia doble: en el jardín espiritual de tu alma y en tu jardín físico. Y si deseas que los frutos espirituales sean de larga duración, guárdalos bien en tu interior.

Quitar el exceso de hojas

Mientras estudiamos la Cabalá con el fin de redescubrir la Naturaleza, nuestros esfuerzos, deseos e intenciones se llaman "hojas". Una vez establecida esta relación con la Naturaleza, estos esfuerzos, deseos e intenciones se convierten en "frutos". No cambiamos lo que somos, sino en

lo que enfocamos nuestra atención: la **espiritualidad** significa *enfocarse en la Naturaleza* mientras que la **corporalidad**
significa *enfocarnos en nosotros mismos.*

Las hojas son muy importantes. Son hermosas, nos
dan sombra y protegen al fruto mientras está creciendo.
Las hojas en exceso agotan el agua y la energía del árbol,
pero necesitamos una cantidad suficiente para ayudar al
fruto a crecer grande y jugoso.

De igual forma, cuando estás aprendiendo a ser espiritual no te asombres si no estableces una conexión
con la Naturaleza rápidamente, tus "hojas internas" la
están ocultando de ti. Aún cuando no estés consciente
de esto, protegen los frutos que ya están creciendo en tu
interior, escondidos entre el follaje.

EMPOLVAR

Empolvar en hebreo (el lenguaje original de la Cabalá)
quiere decir *cubrir con polvo o arena.* También significa *batallar.* Para relacionarse con la Naturaleza es indispensable tender un puente sobre la barrera que separa nuestro
mundo del mundo espiritual. Venimos aquí totalmente
centrados en nosotros mismos y para poder relacionar-
nos con la Naturaleza, necesitamos centrarnos en ella. Y
tendremos que batallar, porque nuestra naturaleza inherente se opone a enfocarse en la Naturaleza y nos envía
pensamientos contrarios. Nuestro trabajo es "cubrir con
polvo" estos pensamientos y enterrarlos bajo la convic-
ción de la importancia y el mérito de nuestra meta.

AGUA

El agua existe arriba -en el cielo- y abajo -en la Tierra. Es el ingrediente principal de todo lo que tiene vida. Por tanto, no es sorpresivo que el agua represente también a la Naturaleza o más precisamente, la misericordia. Así como la Naturaleza es omnisciente, el agua también contiene toda la información en el universo. Las plantas saben cómo usar esta cualidad del agua y ésta les dice cuándo es tiempo de florecer.

Para crecer, una planta necesita sólo agua y minerales que la mayor parte de las veces extrae del agua misma. No existe otra sustancia que tenga la capacidad de ser la única causa de vida y crecimiento como el agua. El ciclo hidrológico permite al agua conectar a los mundos de "arriba" con los de "abajo", tal como lo hace el Creador en la espiritualidad. Así, saber cuánto y cómo regar una planta es la única y más importante información que necesita el jardinero.

SER UN JARDINERO ESPIRITUAL

De todo lo comentado, es claro que la jardinería física no es como cualquier otro pasatiempo. Es un compromiso serio de raíces profundamente espirituales. La jardinería espiritual, sin embargo, tiene el propósito más noble y puede elevar a las personas que la practican a los reinos ocultos de la existencia, donde nuestras almas se encuentran conectadas entre sí y con la Naturaleza que las creó, en amor eterno e infinito.

Purim: El Libro de Ester
El Milagro Interno

Al final de El Libro de Ester, el villano es sentenciado y colgado; pero ¿cuál es el verdadero significado de esta narración?

El *Libro de Ester* destaca cuatro personajes principales, que son en realidad dos: Uno es el Rey, Ajashverosh, la Reina, Ester, y los dos individuos que muestran aspavientos, Mordejai (el bueno) y Amán (el malo).

En hebreo, *El Libro de Ester* se llama *Meguilat Ester*. *Meguilat* viene de la palabra *Gilui* (descubrimiento), y *Ester* viene de la palabra *Hester* (encubrimiento). En otras palabras, **El Libro de Ester es sobre descubrir lo que está oculto**.

Primeramente, debemos recordar que la sabiduría de la Cabalá explica que en la realidad absoluta hay únicamente el Creador y la Creación que le percibe. La Biblia y otros textos hebreos antiguos, son en realidad escritos en diferentes "lenguajes" que explican los mismos conceptos espirituales que la sabiduría de la Cabalá.

En *El Libro de Ester*, el Rey es el Creador, evidentemente, pero ninguno de los otros protagonistas es una entidad separada; de hecho, cada personaje es un aspecto de la única creación del Creador.

Este es un concepto clave a recordar porque cambia totalmente de un cuento moralista acerca de cómo lo bueno eventualmente derrota a lo malo, a una alegoría acerca de nuestra relación personal con el Creador. De acuerdo a la Cabalá, Ester, Amán, y Mordejai están dentro de nosotros, y el Creador es el atributo de benevolencia que necesitamos adquirir si queremos unirnos con Él y ser felices.

La historia comienza con el establecimiento del personaje del hombre bueno, Mordejai. Éste descubre que dos de los sirvientes del rey están planeando asesinarle, y le alerta del peligro. Pero la reacción del rey es muy diferente de lo que esperaba, ya que lo que hace es ¡promover a Amán en lugar de Mordejai! En nuestra historia, Ester representa el alma colectiva, el total de la Creación. Los dos rivales, Amán y Mordejai, representan las dos inclinaciones del alma: La mala, el egoísmo (Amán), y la buena, el altruismo (Mordejai).

Estos roles son la razón por la que el rey asciende a Amán, en lugar de Mordejai: Para escoger el altruismo y entonces unirnos con el Creador, uno debe primero darse cuenta de la trampa que significa para nosotros el egoísmo. Estamos hechos del deseo de recibir placer. **Para hacer un cambio hacia el altruismo es imprescindible percatarnos de que el egoísmo es malo para nosotros, y consecuentemente, querer cambiarlo.**

¿Cómo ocurre esto? Poniendo a Amán (egoísmo) una trampa que no pueda resistir, exponiendo su verdadera naturaleza.

Por esta razón, y hasta sus últimas consecuencias, le es dado a Amán más y más poder hasta que no puede resistir la tentación, cuando se le pregunta, "¿Qué debe ser otorgado a un hombre a quien el rey quiere honrar?" y pica el anzuelo.

"Si hay alguien a quien el rey quiera honrar, que traigan una vestidura real usada por el rey y un caballo que él ha montado, y que pongan en la cabeza de la cabalgadura una corona real.

"Luego entregarán la vestidura y el caballo a un alto dignatario de la nobleza real, vestirán al hombre a quien el rey quiere honrar y lo pasearán a caballo por la calle principal de la ciudad, proclamando delante de él: 'Así es tratado el hombre a quien el rey quiere honrar'".

En el corazón de *El Libro de Ester* yace el principio más profundo de cómo adquirir espiritualidad: Para descubrir al Creador, prepárate para descubrirte primero a ti mismo, ya que la Creación, de la que todos somos parte, está hecha de una sola cosa: El deseo de recibir placer, y el Creador está hecho de una sola cosa: El deseo de dar; exactamente lo opuesto a la Creación.

Si piensas que el Creador y la Creación son como dos personas, es como si una odiase lo que la otra ama. No pueden comunicarse. Si queremos comunicarnos, tenemos que ser como el Creador, al menos hasta cierto punto. **Cuanto más somos como Él, mayor y mejor será nuestra comunicación.**

La historia de *El Libro de Ester* comprende completamente el camino del progreso espiritual que todos debemos recorrer. La belleza de la historia es que no tenemos que entenderla a la primera, sino que se va inculcando en la medida que vamos reconociendo su profundo significado.

Esas pocas páginas en la Biblia pueden ser leídas una y otra vez, revelando nuevos secretos cada vez. Todo lo que necesitamos asimilar es este simple principio: Para descubrir al Creador, prepárate para descubrirte a ti mismo, primero. Cada vez que queramos conocer más al Creador, Nos mostrará en su lugar quiénes somos. Pero no porque se esconda, sino porque tenemos que descubrir el Amán en nuestro interior antes de descubrir la

grandeza de Mordejai, quien es el que realmente ama al Creador.

Trabajando de esta manera, mediante este método, garantizamos no solamente que descubriremos al Creador, sino la recompensa que Mordejai recibió también a cuenta de sus servicios: "Tomó Amán la vestidura y el caballo, vistió a Mordejai y lo paseó por la calle principal de la ciudad, proclamando delante de él: 'Así es tratado el hombre a quien el rey quiere honrar'".

Y además, la recompensa final de Mordejai es el gran deseo de Amán: "Y el rey cogió su anillo, que había tomado de Amán, y se lo otorgó a Mordejai".

Así el bueno, el malo y la bella (la reina) están dentro de nosotros. Para descubrirlos, tan solo tenemos que pedir al Creador, y recibiremos.

֍

Pesaj: El significado interno

Según la Cabalá, todos los cuentos de la Torá son representaciones de los acontecimientos en la realidad espiritual. Para poder vincularse a la espiritualidad el individuo debe pasar un proceso que le revela el dominio de la materia sobre él y cómo librarse de éste.

En el Libro del Zohar, *Parashat "Behaalotchá"*, ítem 58, está escrito: "**Dijo Rabí Shimon:** *¡Ay de aquel individuo que dice que la Torá viene a contar cuentos simples y relatos trillados de Esaú, Laban, etc.! ...sino que todas las palabras de la Torá tratan de cosas elevadas y secretos superiores*".

La Torá, así como la historia de Pesaj, describen precisamente lo que acontece en la realidad espiritual y en el interior del ser humano. Uno podrá comprender el verdadero significado de la Leyenda (*Hagadá*) de Pesaj sólo cuando experimente su propio éxodo personal de Egipto y celebre esta fiesta internamente.

Por naturaleza, el hombre actúa sólo para llenarse de placer. La Cabalá lo llama: **"El deseo de recibir para sí mismo"** o **"Egoísmo"**.

Por el contrario, el atributo de la Fuerza Gobernante del mundo es inverso al atributo humano, deseando impartir abundancia, placer y deleite al individuo. En la Cabalá es la **"Fuerza Otorgante"** o **"Altruismo"**. Estas son las fuerzas de las que habla la Leyenda de Pesaj, y en realidad, la Torá en total.

La similitud con la Fuerza Otorgante es la entrada a la realidad espiritual. Es un cambio interno en el individuo, transformándolo de una naturaleza egoísta a una altruista. Pero antes de adquirir el atributo de otorgamiento, debe familiarizarse con su egoísmo en toda su magnitud y poder. En el cuento de Pesaj, el **Faraón** simboliza la naturaleza **egoísta** del hombre y **Moisés** la **altruista**.

¿QUÉ ES PESAJ?

Pesaj viene de la palabra hebrea *"Pesijá"* que significa "dar un salto", es decir, el "salto" **por encima del carácter humano**.

Antes del éxodo de Egipto el individuo permanece cautivo bajo el dominio de su ego, sin influencia sobre su vida.

Después del éxodo de Egipto, ya en el mundo espiritual, aprende a participar en la Obra de la Creación y manejar su vida y la realidad en la que existe. La vinculación con la Fuerza Superior y el cumplimiento de Pesaj interna y espiritualmente, los siente como un placer eterno y completo.

El sendero espiritual de Pesaj

La **Emigración a Egipto**, es el lugar en el que el hombre encuentra seguridad y satisfacción materiales. Tiene posesiones, conocimiento, experiencia, estatus, etc., confiado en que esto lo satisfaría para siempre.

Cuando "**se levanta en Egipto un nuevo rey**", el hombre ve que todo lo adquirido hasta entonces pertenece ahora al "Rey", el "egoísmo", el Faraón.

El hombre, que se sentía libre y feliz descubre repentinamente que se ha convertido en un esclavo del deseo de disfrutar, que jamás ha entregado algo de sí mismo al prójimo, llenándose de una profunda sensación de vergüenza. Es incapaz de conectarse a la Fuerza Superior y de ser otorgante como ella. Su trabajo es duro, pero no tiene propósito ni frutos.

Todo lo que creyó haber adquirido se desmorona. Y así, las bellas ciudades de Pitom y Ramsés son "tragadas por la tierra".

Esto lleva al hombre a preguntarse, ¿por qué me pasa todo esto? Y ¿qué debo aprender para salir de esta situación?

Entonces, se revelan dos fuerzas en el hombre:

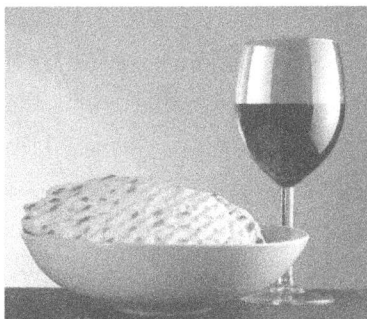

El **egipcio**, que piensa sólo en sí mismo y su placer, y el **israelita,** que anhela unirse directamente al Creador (**Yashar**-directo, **Él**-Creador, componen en hebreo la palabra, *Israel*), la Fuerza Superior, **la Fuente del Placer.**

EN PESAJ, ISRAEL (YASHAR, ÉL)
PREVALECE SOBRE EL EGO

Cuando el hombre decide fortalecer su aspecto israelí para vencer al egipcio, pide ayuda, como está escrito en la Torá: "**y los hijos de Israel gemían a causa de la servidumbre, y clamaron; y subió a Dios el clamor de ellos por su servidumbre**" (*Éxodo* 2:23). Es decir, se dirige a la Fuerza Superior y le suplica que lo libere del dominio del Faraón, el ego.

Así, surge en el hombre la fuerza interna llamada Moisés, que "jalará" (**Moisés,** de la palabra hebrea *Limshot*, "**Jalar**") a Israel de Egipto y les ayudará a dar el salto (*Lifsoaj*, Pesaj) mencionado.

Aunque Moisés se crió en casa del Faraón y lo conoce, sabe que necesita un milagro, la ayuda de la Fuerza Superior.

Los constantes pedidos de Moisés hacen que el Faraón se oponga más y más a la salida del pueblo de Israel de su dominio. Les hace la vida más difícil y recibe un golpe, les hace trabajar más duro y recibe otro, trata de fortalecer su dominio y recibe golpes adicionales, hasta que mediante las **Diez Plagas,** que son diez discernimientos necesarios, se revelan estas dos fuerzas por completo:

El Faraón debe renunciar al control sobre Israel y reconocer la Fuerza Superior como Gobernante. Y el **Pueblo de Israel** tiene que aceptar que su pedido de auxilio debe ser bien analizado y preciso, o no podrá librarse de la carga de su egoísmo.

PESAJ – OPORTUNIDAD DE REDENCIÓN

La redención del egoísmo requiere una preparación meticulosa, ya que se trata de un cambio transformativo. Los cabalistas no esperan el mes de Nisán para festejar **Pesaj,** nos enseñan cómo librarnos del ego todos los días.

Es decir, **Pesaj es un estado interno que experimenta el ser humano.** No obstante, la fecha especial en que todo el pueblo festeja es para recordar la **Meta principal del hombre: Saltar por encima de la naturaleza y llegar a la conexión directa con la Fuerza Superior.**

Las luces que afectan el interior del individuo durante Pesaj le ayudan a cruzar, de manera segura, el Mar Rojo, la última barrera ante el dominio del Faraón, y le permiten a quien desee, disfrutar del placer y abundancia que le ha preparado la Fuerza Superior en el Mundo Espiritual, no sólo en Pesaj, sino durante todo el año, independientemente del tiempo y lugar.

❧

9 DE AV:
¿DUELO O BUEN FUTURO?

En toda la historia, esta época del año ha traído siempre malos acontecimientos. La destrucción de los Templos, e incluso más recientemente: los pogromos en Europa, la Revuelta en el Ghetto de Varsovia, etc. Es como si hubiera una fuerza en el mundo que causa toda clase de estallidos terribles precisamente en esta época. ¿Qué es lo que provoca este tipo de acontecimientos tremendos el 9 de Av?

Según la Cabalá, el ser humano tiene que pasar un proceso muy especial durante su existencia en la tierra, para llegar al nivel más elevado, el de la Divinidad. Para este fin, debe **tener el deseo** de alcanzar una vida espiritual, por encima de la materia, en unión y amor totales con el resto de los seres humanos.

La formación de este deseo se realiza en cuatro fases de estallidos de egoísmo, llamados "Exilio" y su superación, llamada, "Redención". Este proceso busca llevar al ser humano a la cima de la existencia, el nivel del Creador.

En la antigua Babilonia, en la época de Abraham el Patriarca, hace más de 4,000 años, estalló el ego por primera vez, en una civilización que hasta entonces vivía en armonía con la Naturaleza y con el resto de las personas, como una pequeña familia. El hecho causó que dejaran de sentir y entenderse entre sí. Querían controlar a los demás y a la Naturaleza misma, simbolizado por la historia bíblica "La Torre de Babel".

Abraham descubrió la sabiduría de la Cabalá –el método de corrección del egoísmo– y les explicó a sus contemporáneos que hubo este estallido de egoísmo para que se elevaran por encima de él. Les pidió que permanecieran unidos, en "amor al prójimo", para mantener su sensación de una existencia plena y eterna. Les dijo que este ego, sólo al usarlo correctamente, los elevaría a un grado superior de existencia y conexión entre sí. Un pequeño grupo de ellos lo acató y lo logró.

El segundo estallido de egoísmo de este mismo grupo ocurrió en Egipto, cuando se levantó Moisés y los condujo a su segunda elevación por encima del ego, hacia la Recepción de la Torá, en el Monte *Sinaí*, usando la Luz de la Torá, la Fuerza Superior que convierte el odio en amor.

El 9 de *Av*, del 586 AC, se destruyó el Primer Templo, por un tercer estallido de egoísmo en el grupo de Abraham, saliendo en exilio, por tercera vez, para volver 70 años más tarde, y construir el Segundo Templo.

Más de 500 años después, el 9 de *Av*, estalla el ego por cuarta vez, y al no poder superarlo, pierde el grupo de Abraham completamente su grado espiritual: el amor al prójimo, la sensación de la Fuerza Superior, y salen al cuarto exilio. Fue el último estallido de egoísmo, y desde entonces, quedamos 2,000 años en exilio, hasta el día de hoy.

¿Exilio de qué?

De nuestra raíz espiritual, de nuestra conexión con la Divinidad, la Fuerza Gobernante de la Naturaleza, de la sensación de un mundo pleno y exhaustivo. Exilio de la comprensión del propósito de nuestra vida, del flujo eterno de nuestra existencia.

En el pasado, por ejemplo, solíamos satisfacernos con mucho menos: comer, beber, niños, una vaca, campo, y ya. Pero, cada generación llega con un deseo de disfrutar más grande que el de la anterior, tiene más exigencias de la vida. Es a esto que llamamos, egoísmo: llenarse a uno mismo con toda clase de cosas en mayor variedad e intensidad, trayendo consigo revoluciones culturales, cambios sociales, gobiernos, tecnología, y otros.

Esto mismo es el Exilio: el desprendimiento de la espiritualidad, la sensación que algo nos falta, una esencia, un propósito.

Hoy día, muchos buscan algo diferente, más elevado, pero no encuentran. Caen en drogas, depresión y una desesperación total.

El egoísmo nos aleja más y más y las familias se desintegran. Nos separamos, pero descubrimos que esto no nos hace más felices. **Esta es la ruina verdadera.**

Según la Cabalá, el estallido del egoísmo busca causarnos la elevación a un nivel superior de existencia, a la sensación espiritual de una vida feliz, en conexión eterna con la Fuerza Superior.

FINAL DEL EXILIO

Vivimos en una época muy especial: El fin del Exilio espiritual, el último. La única diferencia entre "Exilio" (*Galut*) y "Redención" (*Geulá*), es por la letra hebrea *Alef*, que simboliza "El Campeón del Mundo", la revelación de la Fuerza Superior, que nos corregirá y ayudará a salir del Exilio.

Los cabalistas nos dicen que esta Redención, ocurrirá en nuestra generación, o en pocas décadas, pero actualmente ya se siente el gran estallido de egoísmo que nos está llevando a divorcios, transgresiones, terrorismo, drogas, y el deseo general de desprenderse de la vida.

Estas son señales claras que el ser humano debe comenzar su ascenso por encima de este tipo de existencia. Es más, todos estos acontecimientos suelen ocurrir, sistemáticamente, el 9 de *Av*, ya que vienen de la misma raíz espiritual del estallido de egoísmo que causa las ruinas.

Por otro lado, podemos ver que la Naturaleza misma nos está empujando a unirnos, a ser cada vez más interdependientes; el mundo se está convirtiendo en una pequeña aldea. O sea, el egoísmo nos aleja, pero por otro lado, el mundo se hace más interconectado. Estos extremos incrementan la sensación de impotencia en la humanidad.

LA REDENCIÓN

Los cabalistas explican que la redención es inevitable, pero que puede llegar de dos maneras: escapando del sufrimiento o buscando una Meta buena y cautivadora hacia un futuro promisorio. Se trata de conectarnos al Mundo Espiritual, de donde descienden las fuerzas que manejan nuestro mundo. Si arreglamos nuestra existencia allí, nos sentiremos bien aquí también.

Lo único que tenemos que hacer es llegar a ver que todas las ruinas vienen de nuestro interior, como resultado de la manifestación del ego en todo el mundo, y usar la Fuerza Superior, para que venga y nos una por encima del ego. Entonces, en lugar de perder el control sobre nuestra vida, realizaremos la Meta por la que vinimos aquí.

Si nos elevamos y unimos por encima de este ego universal, pasando del odio recíproco al amor fraternal, encontraremos la solución de todos nuestros problemas personales y globales, y nuestro mundo cambiará completamente. Todos nosotros nos elevaremos al máximo grado espiritual, a la Meta de la Creación.

Esto también ocurrirá el 9 de *Av*: **donde hubo la ruina, ocurrirá el ascenso.**

৵৶

Apéndices

APÉNDICE A

LECTURA ADICIONAL

Ahora que has finalizado *La Voz de la Cabalá: El Libro*, seguramente piensas sobre cuál es el siguiente paso a seguir. Este apéndice te ayudará a decidir.

Torre de Babel – Último piso; Israel y el futuro de la humanidad

En estos días estamos siendo testigos de un proceso que inició miles de años atrás y que ha estado diseñando nuestra historia y determinando los eventos de nuestras vidas desde esa fecha en adelante.

En el pasado, la humanidad se centró en Mesopotamia, alrededor de la antigua Babilonia. Entonces, hubo un estallido del egoísmo y las personas se alejaron, se dividieron. Esa también fue la época en que la Cabalá fue revelada.

Pero cuando los cabalistas llegaron a la conclusión que el mundo todavía no necesitaba esta sabiduría, se vieron obligados a ocultarla. Ellos la han estado guardando para la época en que la humanidad necesitara cambiar su corazón. Para compensar la insatisfacción, hemos desarrollado grandes avances tecnológicos y científicos, pero estamos viendo que eso no nos ha traído el resultado esperado.

Actualmente, en los albores del siglo XXI, finalmente estamos listos. Miles de años de evolución no nos han hecho más felices, y es dentro de esta confusión e inseguridad que la Cabalá puede surgir y prosperar, ofreciendo una nueva solución.

Torre de Babel – Último piso, es un libro único que presenta los fundamentos de la sabiduría de la Cabalá, además de investigaciones contemporáneas en varios campos de la ciencia. Al leerlo, llegaremos a conocer el programa evolutivo que la Naturaleza ha reservado para nosotros, y entenderemos cuánto mejor es implementarlo, alcanzado así felicidad y plenitud duraderas.

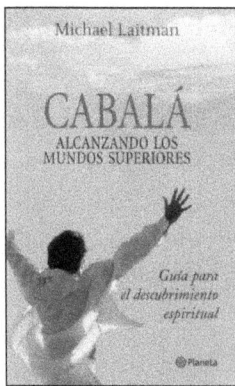

Cabalá: Alcanzando los Mundos Superiores
(Grupo Planeta Chile-Sudamérica)

Una meta importante en el estudio de la Cabalá es utilizar este conocimiento para influir en el destino de cada uno de nosotros. El proceso incluye darnos cuenta del verdadero propósito de estar aquí, descubriendo el significado de la vida y la razón por la cual ésta se nos ha otorgado.

Alcanzando los Mundos Superiores es una magnífica introducción a la sabiduría de la Cabalá, un primer paso hacia el descubrimiento del máximo logro del ascenso espiritual. Este libro llega a todos aquellos que buscan respuestas y para quienes tratan de encontrar una manera lógica y confiable de entender los fenómenos mundiales. Brinda una nueva clase de conciencia que ilumina la mente, da vitalidad al corazón y lleva al lector a las profundidades de su alma.

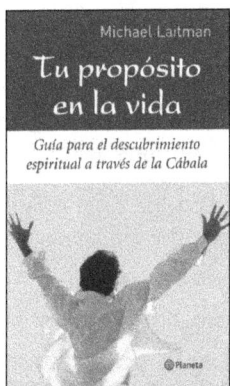

Tu propósito en la vida (Grupo Planeta México)

La Cabalá es una sabiduría ancestral, con 5,000 años de antigüedad, que se remonta a la antigua Mesopotamia. Detalla cómo están conformados los mundos, incluyendo el nuestro, y las fuerzas que actúan sobre nosotros.

Escrituras del siglo pasado explican que somos la primera generación capaz de usar la Cabalá en nuestro mundo, el mundo material infinito.

Tu propósito en la vida es una versión más corta, pero no menos profunda, del libro **Alcanzando los Mundos Superiores** para quienes deseen realizar una lectura sintetizada de este libro, el cual permite al lector progresar en la comprensión de esta sabiduría y utilizar dicho conocimiento de forma apropiada, elevando la mirada por encima del horizonte del universo material.

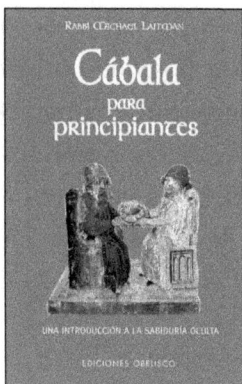

Cabalá para principiantes
(Ediciones Obelisco, España)

La sabiduría de la Cábala es un método antiguo y experimentado, mediante el cual el ser humano puede recibir una conciencia superior, alcanzando la espiritualidad. Si alguien siente un deseo y un anhelo de espiritualidad, podrá encauzarlo por medio de la sabiduría de la Cábala, otorgada por el Creador. La Cábala enseña un método práctico para aprender a conectar con el mundo superior y la fuente de nuestra existencia mientras estamos en este mundo. El hombre alcanza así la perfección, toma las riendas de su vida y trasciende los límites del tiempo y del espacio, llenando de sentido su vida y alcanzando la serenidad y el gozo infinito desde este mundo.

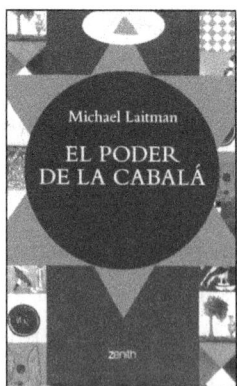

El poder de la Cabalá
(Grupo Planeta España)

Hoy en día, mucha gente se siente sin rumbo en la vida ante las promesas incumplidas de riqueza, salud, y felicidad que se suponía traería el desarrollo tecnológico y científico. Muy pocos logran todo eso, e incluso no pueden afirmar que tendrán lo mismo mañana.

Pero el beneficio de este estado es que nos está forzando a reexaminar nuestra dirección y preguntarnos: "¿Es posible que estemos equivocando el camino?"

El poder de la Cábala es un manual de instrucciones para la vida, un método para comprender y vivir en armonía con las leyes del universo.

Es el mismo libro *"Alcanzando los Mundos Superiores"*, con una presentación diferente, de acuerdo al país de publicación.

ഇ∽൧

APÉNDICE B

ACERCA DE BNEI BARUJ

Bnei Baruj es el mayor grupo de cabalistas en Israel, que comparte la sabiduría de la Cabalá con el mundo entero. Los materiales de estudio se distribuyen en 32 idiomas y están basados en textos de Cabalá auténtica que han sido transmitidos de generación en generación.

HISTORIA Y ORIGEN

El Rav Dr. Michael Laitman, Profesor de Ontología y Teoría del Conocimiento, Doctor en Filosofía y Cabalá, Máster en Medicina Bio-Cibernética, estableció Bnei Baruj en 1991, tras el fallecimiento de su maestro, Rav Baruj Shalom HaLevi Ashlag (El Rabash).

El Dr. Laitman denominó a su grupo Bnei Baruj (hijos de Baruj) para honrar la memoria de su mentor, de quien nunca se apartó en sus últimos 12 años de vida del Rabash, desde 1979 hasta 1991. Fue el principal estudiante de Ashlag y su asistente personal, y es reconocido como el sucesor del método de enseñanza del Rabash. Éste fue el primogénito y sucesor del más grande cabalista del siglo XX, Rabí Yehuda Leib HaLevi Ashlag, autor del más exhaustivo y autorizado comentario sobre el *Libro del Zohar*, llamado *Sulam* (Escalera), el primero en revelar el método completo para la elevación espiritual. Esta es también la razón del epíteto de Ashlag, Baal HaSulam (Dueño de la Escalera). Bnei Baruj basa enteramente su método en el camino pavimentado por esos grandes líderes espirituales.

El método de estudio

El método único de estudio desarrollado por Baal HaSulam y su hijo, el Rabash, se enseña y aplica diariamente por Bnei Baruj. Este método se apoya en fuentes auténticas de Cabalá, como *El Libro del Zohar* (Rabí Shimon Bar Yojai), los escritos del ARÍ, *El Árbol de la Vida* (*Etz Jayim*), y también en los libros escritos por Baal HaSulam - *El Talmud Eser Sefirot* (*El Estudio de las Diez Sefirot*) y el *Sulam*, el comentario de *El Libro del Zohar*. Aunque estos estudios se basan en fuentes auténticas de Cabalá, son transmitidas de una forma sencilla y actual.

El desarrollo de esta metodología ha hecho de Bnei Baruj una organización internacionalmente reconocida y muy respetada en Israel. La combinación única de un método de estudio académico junto con experiencias personales, amplía la perspectiva de los estudiantes y les recompensa con una nueva percepción de la realidad en la que viven. El método de estudio dota a aquellos que se encuentran en el camino espiritual con sensitivas herramientas que les permiten descubrirse a sí mismos y a su realidad circundante.

EL MENSAJE

Bnei Baruj es un movimiento pluralista que sobrepasa un millón y medio de estudiantes en todo el planeta. Cada estudiante escoge su propio camino e intensidad, de acuerdo a sus condiciones personales y habilidades.

En años recientes, ha desarrollado una actividad involucrada en proyectos voluntarios educacionales, presentando las fuentes de la Cabalá genuina en un lenguaje moderno. La esencia de este mensaje diseminado por Bnei Baruj es la unidad de las personas, de las naciones y el amor del ser humano.

Durante miles de años, los cabalistas han estado enseñando que el amor entre los humanos es el fundamento del Pueblo de Israel. Este amor prevaleció en los tiempos de Abraham, Moisés y del grupo de cabalistas que ellos establecieron. El amor fue el combustible que propulsó al Pueblo de Israel en sus extraordinarios descubrimientos. Con el discurrir del tiempo, el hombre desarrolló un odio infundado, la nación cayó en el exilio y la aflicción. Si permitimos albergar nuevamente esos antiguos pero permanentes valores, descubriremos que poseemos el poder de deshacernos de nuestras diferencias y unirnos.

La sabiduría de la Cabalá, escondida por miles de años, está resurgiendo hoy en día. Ha estado esperando el momento idóneo en el que estuviéramos suficientemente desarrollados y preparados para implementar su mensaje. En la actualidad, está emergiendo como un heraldo y una solución que pueda unir las facciones en y entre las naciones y traernos a todos, como individuos y como sociedad, a una situación mucho mejor.

ACTIVIDADES

Bnei Baruj ha sido establecido bajo la consigna de Baal HaSulam que "sólo mediante la expansión de la sabiduría de la Cabalá entre las masas, lograremos alcanzar la completa redención". En ese sentido, Bnei Baruj ofrece una diversidad de medios para que las personas puedan explorar y descubrir el propósito de sus vidas, proveyendo una guía tanto para principiantes como para estudiantes avanzados.

- **Periódico de Cabalá**

El periódico *La Voz de la Cabalá*, es producido y diseminado por Bnei Baruj bimestralmente. Es apolítico, no comercial, y escrito en un estilo claro y contemporáneo. Su propósito es exponer el vasto conjunto de conocimiento escondido en la sabiduría de la Cabalá de manera gratuita y de la manera más clara posible. El periódico es distribuido gratis en las comunidades hispanas de Estados Unidos e Israel, así como también en México, España, Argentina, Chile, Colombia, Ecuador y República Dominicana, entre otros. Es distribuido en diversos idiomas en Estados Unidos, Toronto (Canadá), Israel, Londres (Inglaterra) y Sydney (Australia). El periódico es impreso en español, inglés, hebreo y ruso. También se encuentra disponible en nuestro sitio de Internet: **www.kabbalah.info.**

Adicionalmente, el periódico es enviado a todos los lectores suscritos, sólo deduciéndose el costo de envío. La página principal de Bnei Baruj, **www.kabbalah.info**, presenta la auténtica sabiduría de la Cabalá usando ensayos, libros y textos originales. El sitio también contiene una extensa biblioteca, única en su tipo, para el desarrollo de una minuciosa investigación de la sabiduría, así como también archivos multimedia, **www.kabbalahmedia.info**, conteniendo decenas de miles de ítems multimedia, libros que se pueden bajar de la Red, y una vasta reserva de textos, archivos de audio y video en muchos idiomas. Todo el material está disponible para bajarlo sin costo.

• **Canal de TV de la Cabalá**

Bnei Baruj estableció una empresa de producción, ARI Films, **www.arifilms.tv**, especializándose en la producción de programas educacionales de televisión alrededor del mundo en muchos idiomas. En Israel, las emisiones de Bnei Baruj son transmitidas en los canales 25 (cable) y 98 (satélite) de domingo a viernes. Todas las transmisiones de estos canales son totalmente gratuitas. Los programas en estos canales son especialmente adaptados para principiantes y no requieren un conocimiento previo. Este conveniente proceso de aprendizaje se complementa con programas en los que se presentan reuniones del Rav Michael Laitman con figuras públicas de Israel y del resto del mundo. Adicionalmente, **ARI Films** produce series educativas en DVD, documentales y otros recursos audiovisuales de apoyo para la enseñanza.

- Conferencias de Cabalá

Bnei Baruj recientemente abrió un nuevo centro de estudio en Israel llamado, *Beit Kabbalah LaAm (Casa Cabalá para la Nación)*. El lugar de reunión comprende dos salones: uno grande para las conferencias públicas y otro pequeño para varias lecciones de Cabalá en grupos pequeños. Las lecciones y conferencias toman lugar en las mañanas y noches, e introducen varios tópicos, explicados de acuerdo a las fuentes auténticas de Cabalá de una manera apropiada, tanto para principiantes como para avanzados.

- Sitio de Internet

El sitio Web de Bnei Baruj, **www.kabbalah.info**, presenta la auténtica sabiduría de la Cabalá utilizando ensayos, libros, y textos originales. El sitio también contiene una extensa biblioteca, única en su tipo a disposición de los lectores que deseen adentrarse en profundizar en la sabiduría de la Cabalá. Además, cuenta con un archivo de medios, **www.kabbalahmedia.info**, con decenas de miles de ítems multimedia, descarga de libros y un vasto repertorio de textos y archivos de medios en vídeo y audio, en muchos idiomas. Todo este material se encuentra disponible para ser descargado gratuitamente.

LIBROS DE CABALÁ

El Rav Dr. Laitman escribe sus libros en un estilo claro y contemporáneo, basado en conceptos claves de Baal HaSulam. Hoy en día, estos libros sirven como un "enlace" fundamental entre los lectores y los textos originales. Rav Dr. Laitman ha escrito cerca de cuarenta libros, que han sido traducidos a catorce idiomas.

LECCIONES DE CABALÁ

Tal como los cabalistas lo han estado haciendo por centurias, el Dr. Laitman imparte lecciones diarias en el centro Bnei Baruj en Israel entre 3:15 - 6:00 AM hora de Israel. Las lecciones son traducidas simultáneamente de hebreo en seis idiomas: español, inglés, ruso, alemán, italiano y turco. En un futuro cercano, las transmisiones se realizarán en francés, griego, polaco y portugués. Como todo lo demás, las transmisiones en vivo son suministradas gratuitamente a miles de estudiantes por todo el mundo, **www.kab.tv/spa** .

FINANCIAMIENTO

Bnei Baruj es una organización no lucrativa para la enseñanza y difusión de la sabiduría de la Cabalá. A fin de mantener su independencia y pureza de intenciones, Bnei Baruj no está apoyada, financiada, o de ninguna otra forma, sujeta a ningún gobierno o entidad política. Dado que su actividad principal es gratuita, su fuente básica de financiación son las contribuciones, aportadas por los estudiantes de forma voluntaria. Otras fuentes de ingresos son los libros del Rav Dr. Laitman, vendidos al precio de coste, y donaciones.

෴

www.ingramcontent.com/pod-product-compliance
Lightning Source LLC
Chambersburg PA
CBHW071404090426
42737CB00011B/1341